Der Brunegger Stern

und andere schaurige, liebenswerte und feurige Geschichten rund um das Gebiet von Brunegg

von

Roland Christen

5505 Brunegg

Herstellung und Verlag:
BoD-Books on Demand, Norderstedt
ISBN: 978-3-7386-0800-7

INHALTSVERZEICHNIS

VORWORT

Liebe Leserin
Lieber Leser

Das vorliegende Büchlein enthält 27 Geschichten, von welchen 26 vollständig erfunden sind. Sie haben teilweise, in Grundzügen, eine Beziehung zur Geschichte von Brunegg.

Die erste Geschichte, der Brunegger Stern, ist aus meiner persönlichen Beziehung zum beschriebenen Stern entstanden.

Es ist tatsächlich der Fall, dass in der ersten Zeit der Freundschaft zwischen meiner heutigen Frau und mir, dieser Stern, der Alkaid, eine grosse Bedeutung für uns hatte und immer noch hat.

Wir beschlossen, dass wenn wir nicht zusammen sein konnten, wir zum Stern Alkaid hoch schauen. Wenn beide diesen Stern ansehen, dann würden wir uns durch ihn, trotz Ferne, nahe fühlen.

Daraus entstand die Liebesgeschichte, welche schon von der Aargauer Zeitung mit einem ersten Preis belohnt wurde.

DER BRUNEGGER - STERN

Sterne am Himmel leuchten. Sie leuchten, weil sie von der Sonne angeleuchtet werden und das Licht reflektiert wird. Es gibt aber auch Sterne, die sind selber eine Sonne und leuchten selbstständig. So oder so ist das Licht, das von einem Stern kommt, Sonnenlicht.

Der Brunegger - Stern ist der vorderste Stern der Deichsel vom grossen Waagen.

Woher der Name Brunegger - Stern stammt, will ich euch erzählen.

Früher hatten die Dörfer noch keine Namen. Erst mit der Zeit wurden Ansammlungen von Häusern, eben Dörfer, mit einem Namen versehen. Man konnte sich so besser orientieren und wenn man jemandem einen Weg beschreiben musste, ging dies besser. Versucht einmal jemandem zu erklären, wie er von euch zu Hause irgendwo hinkommt, ohne einen Dorfnamen zu benutzen !

Die Geschichte ist sich nicht ganz einig, weshalb Brunegg, eben Brunegg genannt wird. Eine Annahme ist, dass das Dorf einmal abgebrannt ist, oder wurde und das Land durch den Brand gebräunt wurde. Deshalb nannte man den Ort: Der Ecken, der braun ist.

Eine andere Annahme ist die, die eben mit dem Brunegger - Stern zusammenhängt.

Eines Tages kam ein schöner Jüngling in das kleine Dorf am Fusse eines Berges, worauf ein Schloss stand. Er kam aus dem Westen und hatte bereits einen langen Weg hinter sich gebracht. Deshalb war er hungrig, durstig und müde.

Bereits beim zweiten Haus im Dorf, fand er eine offene Türe. Man gab ihm zu Essen und zu Trinken. Da es ein schöner warmer Abend war, genoss man das Mal im Freien, hinter dem Haus auf dem Sitzplatz. Die Gastgeber waren eine Frau mit ihrem Mann und drei Kindern; ein Sohn, er war der jüngste, und zwei schönen Töchtern.

Besonders die ältere der beiden Töchter gefiel dem Jüngling sofort. Der Abend war schon weit fortgeschritten, als die Eltern, der Sohn und die jüngere Tochter sich zu Bett begaben. Die Müdigkeit des Jünglings war unterdessen, wegen der schönen Tochter, wie weggeflogen. Offensichtlich gefiel der Tochter der Jüngling auch.

Sie redeten nicht viel miteinander. Aber tief in die Augen haben sie sich geschaut. Es kam was kommen musste; die beiden verliebten sich ineinander. Sie rutschten immer näher zu einander, bis sie sich an den Beinen und den Schultern berührten.

Bei der ersten Berührung erschraken sie, fanden die Situation aber schnell angenehm.

Nach einer Weile sagte der Jüngling zum schönen Mädchen, er wolle immer mit ihr zusammen bleiben. Als Beweis wolle er ihr einen Stern vom Himmel holen und ihn ihr schenken. Einerseits war die junge Frau sehr gerührt. Doch hielt sie dieses Versprechen etwas übertrieben.

"Nein, nein, es ist mir ernst", sagte der Jüngling und wollte, dass sich das Mädchen einen Stern am Himmel aussuchen soll. Noch immer war die Frau davon überzeugt, dass der Jüngling ein kleiner Spinner sei. Trotzdem machte sie den Spass mit und wünschte sich den vordersten Stern der Deichsel des grossen Waagens. Dieser Stern war gerade über ihnen am Himmel.

Der Jüngling bat das Mädchen, die Augen zu schliessen.

Als das junge Mädchen mit geschlossenen Augen dastand, wurde es plötzlich ganz hell und heiss.

Erschrocken öffnete das Mädchen die Augen um zu sehen, was da vor sich gehe. Als sie die Augen öffnete, sah sie nur noch einen sehr hellen Schein, der sie vollständig blendete. Nur schemenhaft sah sie noch die dunkle Silhouette des Jünglings vor sich in diesem Schein, der ihr den Stern schenkte.

Am anderen Morgen, als das Mädchen in den Spiegel schaute, sah sie, dass sie stark braun gebrannt war. Gerade so, als sei sie vier Wochen, oder länger, im Süden in den Ferien gewesen. Im Dorf rätselte man, was in der Nacht passiert sei, als plötzlich alles hell beleuchtet und die Temperatur stark angestiegen war.

Beim Dorfladen erzählte dann das Mädchen, was passiert war.

Ab diesem Tag sagte man, wenn man vom kleinen Dorf am Fusse des Berges mit dem Schloss sprach, es sei die Ecke, in der man auch in der Nacht braun werde.

Eben Brunegg.

Auch der Stern behielt sei da den Namen Brunegger - Stern.

Die beiden jungen Leute wurden ein Paar und leben noch heute glücklich zusammen.

In jeder wolkenlosen Nacht schauen sich die beiden immer noch gern die Sterne, besonders den Brunegger - Stern an.

Übrigens wurde das einzige Restaurant im Dorf auch nach diesem Ereignis getauft. Es heisst Gasthof zu den drei Sternen. Die Deichsel des grossen Waagens besteht aus drei Sternen.

DER GROSSE SCHWARZE HUND VOM SCHLOSS BRU-NEGG
The big black dog of brown corner castle

Auf Brunegg lebte vor langer langer Zeit ein Herrscher. Damals gab es noch keine Autos, Lastwagen, oder Töffs. Die Besorgungen machte man, bei kleineren Distanzen zu Fuss, oder wenn es weiter ging, zu Pferd. Musste man viel oder Schweres transportieren, musste man mit Ross und Wagen die Verrichtungen erledigen.

Das Gebiet, das dem Herrscher von Brunegg gehörte, war fast kreisrund. Die Grenze verlief etwa in der Mitte des Feldes zwischen Möriken und Brunegg, über Schinznach-Bad, Birrfeld, Mägenwil und Othmarsingen. Alles was in diesem Kreis war, gehörte dem Herrscher.

Er war ein böser Mann. Deshalb getraute sich auch niemand, ihn nach seinem Namen zu fragen. Aus diesem Grund ist nicht bekannt, wie er hiess. Man sagte immer nur Herr zu ihm. Auch wie er genau aussah, ist nicht bekannt. Nie ist jemand näher als 30 Schritte an ihn heran gekommen. Dies war so, weil er immer einen grossen schwarzen Hund bei sich hatte. Dieser war abgerichtet, den Herrscher zu beschützen. Er fletschte mit den Zähnen, knurrte laut aus tiefster Brust und hatte immer blutrot unterlaufene Augen. Man musste sich wirklich fürchten ab diesem Hund.

Weder das Alter des Herrschers noch des Hundes waren bekannt.

Beide sahen aber über Jahre immer gleich aus. So, als ob die beiden ein Serum genommen hätten, welches das Altern verhinderte.

Die Geschichte macht nur Angaben über den Hund. Man sagt, er sei von einer Hexe aufgezogen worden. Gefüttert habe man ihn als Welpe mit Drachenmilch und später mit Drachenblut.

Auf den Strassen, welche aus Brunegg führten, waren vom Herrscher Zahlstellen eingerichtet. Wenn jemand aus Brunegg hinaus oder hinein ging, musste Wegzoll bezahlt werden. Das Geld, es waren für jeden Übertritt 3 Taler, musste in eine Kasse gelegt werden. Die Übergänge waren nicht besetzt. Es kontrollierte niemand, ob bezahlt wurde, oder nicht.

Furchterregend war aber, dass wenn jemand nicht bezahlte, oder sogar etwas aus der Kasse nahm, war sofort der schwarze grosse Hund zur Stelle und zerfleischte den Übeltäter. Von einem Angegriffenen wurde jeweils nie mehr etwas gehört oder gesehen. Man vermutet, dass der Hund sie aufgefressen hatte.

Wenn einer vom Hund angefallen wurde, hörte man eine halbe Stunde lang das Schreien und Wehklagen des vom Hund zerfleischten Mannes.

Eines Tages setzten sich vier junge Männer zusammen und schmiedeten einen Plan, wie sie dem Herrscher das Geld aus den Zahlstellen der Grenzübergänge stehlen könnten.

Da sie wussten, dass sei beim Versuch Geld zu stehlen, vom Hund des Herrschers getötet würden, machten sie ab, dass sie dem nächsten Fremden, der ins Dorf käme, angeben, dass man beim Übergang nach Othmarsingen auch ohne zu zahlen passieren könne. Dort würde nie jemand eine Kontrolle machen. Wenn sie dann den Angriff des Hundes vernehmen würden, hätten sie eine halbe Stunde Zeit, die anderen Zahlstellen zu plündern. Sie waren überzeugt, dass der Hund nicht an zwei oder gar mehr Stellen auf einmal sein könne.

Als der Tag gekommen war, war im ganzen Dorf plötzlich das Geschrei von fünf Männern zu hören. Alle fünf wurden vom Hund des Herrschers angegriffen und zerfleischt. Niemand konnte sich erklären, wie der Hund an fünf Stellen gleichzeitig sein konnte.

Ab diesem Tag wurde der Herrscher und der Hund nie mehr gesehen. Aber noch immer geht die Angst um, dass derjenige, der in Brunegg etwas stiehlt, durch den grossen schwarzen Hund gefressen wird.

Manchmal hört man aus Richtung des Schlosses das Heulen und Bellen eines Hundes. Hinter dem Schloss, schon ganz verwachsen und sehr schwer zu finden, befindet sich der Eingang zu einer kleinen Höhle. Dort soll der Hund noch heute leben.

DER FEUERTEUFEL

Der Feuerteufel: Wer ist er, was ist er, was tut er ?

Um diese Frage beantworten zu können, muss man etwas Weniges über die Lehre vom Teufel wissen.

Teufel, griechisch: Diabolos, lateinisch: Diabolus, deutsch: Der Verleumder, Durcheinanderwerfer, Verwirrer.

Der Teufel ist das personifizierte Böse. Er sucht stets das Zerstörende. Meist sind solche zerstörenden Begebenheiten als Naturkatastrophen getarnt.

Aus einer langen Teufeldynastie erwuchsen die verschiedensten Spezialisten.

Einige Teufel, wie zum Beispiel die Felsenteufel, verüben Katastrophen mit Fels und Stein. Andere sind Wasserteufel, von welchen einer für den Tsunami am 28.03.2005 vor der Westküste Sumatras verantwortlich war.

Dann gibt es eben auch die Feuerteufel. Diese verüben ihre Schandtaten mit Feuer und Hitze.

Jeder vernahm schon aus dem Radio, oder aus der Presse, von verheerenden Feuersbrünsten. Zum Beispiel war da ein Grossfeuer in Flims. Es brannten vierzehn Häuser ab und 27 Personen wurden obdachlos.

Was denkt ihr wohl, wer dort die Schuld hatte ?

Natürlich, der offizielle Grund lautete Brandstiftung einer 16-Jährigen.

Man schrieb, sie hätte familiäre Probleme gehabt und man müsse psychiatrische Abklärungen tätigen.

Aber hallo ! Wir wissen nun, da war ein Feuerteufel am Werk.

Es läuft immer gleich ab:

Ein Teufel, irgendeiner Gattung, sucht sich ein Opfer. Er sorgt dafür, dass es dem ausgesuchten Menschen schlecht geht. Dies kann sich auf die verschiedensten Arten äussern. Meistens werden die Heimgesuchten in einem ersten Stadium nervös, dann ist es ihnen nirgends mehr wohl. Später beginnen sie bei jeder Gelegenheit Streit. Zum Schluss ist eine starke Aggressivität festzustellen.

Erst wenn sich der Mensch in einem solchen Zustand befindet, tritt der Feuerteufel in Aktion. Als erstes bekämpft er den Teufel, der diesen Zustand hervorgerufen hat. Dieser Kampf hat weitere schwerwiegende Auswirkungen beim betroffenen Menschen. Er fühlt sich von allen Seiten verlassen, hat das Gefühl Jedermann sei gegen ihn und ist mit der ganzen Welt unzufrieden.

Wenn der Kampf der Teufel entschieden ist, kommt es darauf an, welcher von ihnen gewonnen hat. Gewinnt der

Feuerteufel, dann wird er den Menschen dazu bringen, seine Unzufriedenheit mit der Welt und der ganzen Menschheit so hoch zu schaukeln, dass er sich entscheidet, sich für diesen Zustand zu rächen. Da eben der Feuerteufel am Werk ist, wird sich der Mensch dadurch rächen, dass er etwas in Brand steckt.

Vielmals kann sich der Mensch gar nicht mehr daran erinnern, was er gemacht hat. Manchmal kann er sich erinnern, weiss dann aber nicht, warum er gerade Feuer machte und nicht einfach seinen Frust aus der Brust schrie.

Ihr aber, ihr wisst nun, dass vielfach bei Feuer der Feuerteufel schuld ist.

Deshalb wisst ihr nun auch, dass ihr die Vorzeichen richtig deuten müsst. Wenn ihr also leicht nervös werdet und sich dieser Zustand bis zur Aggressivität steigert - habt Acht - der Feuerteufel könnte tätig sein.

DER TRAURIGE BIRCHWALDGÜMPER

Es gibt viele verschiedene Tierarten bei uns.

Aber es gibt auch viele Tierarten, die werden bald, oder sind schon ganz ausgestorben.

So auch der traurige Birchwaldgümper. Den Namen hat er erst seit die Menschen das Land stark bebaut haben. Früher nannte man ihn Birchfeldgümper.

Das Lebewesen gibt es nur bei uns. Es lebte zwischen Möriken und Brunegg auf dem Feld. Heute gibt es nur noch ein Exemplar davon und dieses wohnt im Wald hinter dem Schulhaus von Brunegg.

Der traurige Birchwaldgümper ist ca. 1.20 Meter gross. Es bewegt sich aufrecht auf den Hinterbeinen. Die Vorderbeine kann es wie wir Menschen als Arme und Hände einsetzen. Es hat einen Pelz aus grün-braunen Haaren. Die Laute, die das Tier von sich gibt, tönen wie eine Mischung aus Delphin und Bär. Es ernährt sich von Pflanzen und Hasen.

Als es noch Birchfeldgümper genannt wurde und auf dem Feld lebte, genossen die Familien das herumhopsen auf dem Feld. Die Jungen machten so Fangis und die Eltern hielten sich mit hopsen fit.

Später zogen immer mehr Leute hier her und alles wurde überbaut. Die Lebensräume der Birchfeldgümper wurden immer enger. Den Tieren war es bald nicht mehr wohl. Sie hatten Angst, man könnte plötzlich Jagd auf sie machen. Deshalb zogen sie sich in den Wald zurück. Dort wurden sie immer trauriger und trauriger. Die Vertreibung aus dem offenen Feld gefiel ihnen überhaupt nicht. Immer wenn sie ihrem Hobby nach kamen und hüpften, schlugen sie mit den Köpfen an den untersten Ästen der Bäume an. Wenn sie zu weit sprangen, knallten sie gegen die Baumstämme. Aus diesem Grund wurden sie ab dieser Zeit dann trauriger Birchwaldgümper genannt. Die Tiere lernten schnell, sich gut zu tarnen. Es kann gut sein, dass man ganz nah, bis zu 20 cm an einem vorbei gehen kann, ohne es zu bemerken. Zum Schlafen begeben sich die Tiere in ein Erdloch im Wald. Ein solches Erdloch, das von einem traurigen Birchwaldgümper bewohnt wird, habe ich noch nie gefunden.

Als dann plötzlich, mit Ausnahme eines einzigen, alle traurigen Birchwaldgümper ausgestorben waren, wurde das Einzeltier nicht nur trauriger, sondern auch immer böser. Da es nichts zu tun hatte, begann es zum Zeitvertreib sich an den Leuten, die sich im Wald aufhielten, zu rächen.

Bis heute ist noch nichts Ernsthaftes passiert.

Aber wenn du über eine Wurzel stolperst, kann es sein, dass dir der traurige Birchwaldgümper ein Bein gestellt hat.

Wenn dich mal eine Mücke sticht, oder wenn du dich an einem Ast die Haut verletzt, kann es sein, dass es der traurige Birchwaldgümper war.

Wir können nur hoffen, dass das Tier nicht noch böser wird. Hoffentlich beginnt es sich nicht noch schlimmer an uns zu rächen.

Denke im Wald immer daran, wenn du die Wege verlässt, es könnte als nächstes dir ernsthaften Schaden zufügen.

DAS LIEBESGEFLÜSTER ZWEIER IM BIRCHWALD SICH NAHE STEHENDER TANNEN

Wenn ich mich gestresst, oder ausgelaugt fühle, gehe ich gern in den Wald spazieren.

Die reine Luft, angereichert vom Sauerstoff, den die vielen Grünpflanzen und Bäume durch Photosynthese[1] erzeugen ist beste Medizin in solchen Situationen.

Nach stundenlangen Spaziergängen setze ich mich dann, meistens Mitten im Birchwald, abseits von allen Wegen, auf einen Baumstrunk. Dort gebe ich mich der Natur hin. Ich höre auf das, was um mich herum geschieht. Rieche die wohltuenden Düfte und erfreue mich an der Pracht dieser Natur.

Meistens kann ich einige Tiere beobachten. Da kommen einige Rehe auf dem Weg zum äsen, nahe an mir vorbei. Dort hoppelt ein Hase lustig hin und her. Oder knapp vor mir, klettert ein Eichhörnchen eine Fichte hoch. Die Vögel zwitschern fröhlich einander zu. Natur pur, ein Fitnessstudio für die Seele.

Einmal, ich sass wieder auf einem Baumstrunk, war es aussergewöhnlich still. Nur der Wind säuselte leicht durch

---

[1] Aus Kohlenstoffdioxid und Wasser entsteht, mit Hilfe von Licht und Chlorophyll, Traubenzucker und Sauerstoff

die Baumkronen. Er wurde mit der Zeit leicht stärker. Je stärker er Wind wehte, desto stärker bewegte er die Bäume. Ich konnte beobachten, wie die Stämme bis zu einem Meter hin und her wogen.

Da vernahm ich plötzlich ein eigenartiges Geräusch. Es hörte sich an, wie das Geflüster zweier Menschen. Aber es waren weit und breit keine Menschen hier. Ich war der einzige.

Das Geräusch begann mich zu interessieren. Locker lehnte ich mich zurück, schloss die Augen und konzentrierte mich.

Nun wurde es deutlicher.

"Ah, oh, schön", war zu vernehmen. Dann in einem tieferen Ton: "Ja, schön, es tut gut, dich so nah zu spüren." Nun wechselten sich die Stimmen ab: "Wenn es dich nicht gäbe, was würde ich dann machen ?" "Hoffentlich wirst du noch lange nicht gefällt." "Rede doch nicht von so was, du verdirbst mir die Stimmung." "Nein, nein, das will ich nicht. Wir bleiben noch lange so stehen." "Ja das ist schön. Hoffentlich hält dieser leichte Wind noch lange an."

Zuerst dachte ich, ich träume. Dann öffnete ich die Augen und sah mich um. Wer war das, wer sprach da miteinander ? Das muss ein Liebespaar sein. Ein komisches Liebespaar, das davon spricht, dass man gefällt werden könnte und dass sie lange hier stehen wollten. Ich zweifelte weiter. War ich daran, meinen Verstand zu verlieren ? Nein, sicher nicht; es muss etwas Anderes sein.

Aber was ? Meine Konzentration steigerte ich noch einmal eine Stufe höher.

Wieder vernahm ich die Stimmen: "Der Fehler des Försters, uns so nah zueinander zu pflanzen, ist nun unser Vorteil" "Und dieser Fehler hat uns auch vor dem Sturm ‚Lothar' verschont, weil wir uns so gut aneinander halten konnten" "Ja, wir können wirklich dankbar sein" "Sieh auch unseren kleinen Nachwuchs am Fusse unserer Stämme an" "Schön nicht wahr ?"

Das konnte doch nicht wahr sein; das müssen Bäume sein, die da miteinander sprachen. Wirklich, als ich mich umsah, bemerkte ich zwei sich nahe stehende Tannen, die sich im Wind wogen und dabei berührten sich die Stämme und rieben aneinander.

Seit diesem Erlebnis gehe ich noch viel lieber in den Wald. Immer wieder setze ich mich am Fusse der beiden sich nahe stehenden Tannen auf den Strunk und höre den Beiden zu.

Auch Ihnen, die diese Geschichte vernehmt, rate ich, geht in den Wald. Setzt Euch hin und geniesst die Ruhe und den Frieden der Pflanzen- und Tierwelt.

Wenn Ihr auf sie Acht gebt, dann könnt Ihr sicher auch in den Genuss kommen, dass Ihr mit der Zeit von solchen Erlebnissen erzählen könnt.

DAS KLEINE FEUERCHEN

Eine kleine Gruppe von jungen Leuten war an einem schönen warmen Samstagnachmittag im nahen Wald. Sie spielten Abenteurer. Jeder hatte ein Wurst und ein Stück Brot dabei.

Gegen 16:00 Uhr beschlossen sie ein Feuerchen zu entfachen, um ihre Würste braten zu können. Da nirgends Steine für eine Umrandung zu finden waren, machten sie aus kurzen oberschenkeldicken Ästen ein Viereck von einem auf einen Meter gösse. Darin entzündeten sie Reisig und als dieses brannte, legten sie dürres Holz an. Schon nach kurzer Zeit entstand ein kleines hübschen Feuerchen. Sie liessen es leicht abbrennen, so dass sie nur noch Glut im Holzviereck hatten. Nun brätelten sie ihre Wurst und assen sie.

Unterdessen war die Dämmerung hereingebrochen. Die ersten der Gruppe wurden nervös und verabschiedeten sich schnell von den Anderen. Sie müssten nach Hause, die Eltern hätten ihnen gesagt, dass sie nach Hause müssten, wenn die Sonne unterginge.

Mit der Zeit waren nur noch zwei Knaben um das Feuer, welches nur noch vereinzelt aufflammte. Die Sonne war in der Zwischenzeit schon ganz unter gegangen. Es wurde dunkel im Wald. Ein leichter Wind bewegte die Kronen der Bäume hin und her. Manchmal konnte man einen Kauz rufen hören. Aus dem Waldinneren ertönten, den Knaben fremde, unheimliche Geräusche. Sie bekamen es mit der Angst, schauten einander wortlos an und rannten auf dem direktesten Weg aus dem Wald und nach Hause.

Der Platz, wo sie vor wenigen Minuten noch fröhlich ums Feuer sassen, war nun ganz verlassen.

Das Feuerchen, das nun noch seltener aufflammte, bemerkte dies. Mit letzter Kraft begann es langsam an der Holzumrandung, welche die Glut umgab, zu knabbern. Als es wieder ein wenig zu Kräften kam und vereinzelt schon wieder recht grosse Flammen erzeugen konnte, schaute es sich vorsichtig um, ob ja niemand in der Nähe war, der es hätte auslöschen können.

Es war wirklich niemand zu sehen, weit und breit nicht. So machte es sich daran, die Holzumrandung vollständig aufzufressen.

Als es gerade das letzte Stück zu sich nahm, waren ca. drei Stunden vergangen. Die Sterne standen am Himmel; es war eine herrliche Nacht.

Das Feuerchen war zufrieden. Es döste nun satt vor sich hin. Nach einiger Zeit verspürte es aber schon wieder etwas Hunger.

Zuerst glaubte es, es habe Pech und es gäbe nichts mehr zu Futtern. In nächster Nähe war kein dürres Holz mehr vorhanden. Dies hatten die Knaben am Mittag schon alles verbrannt. Es äugte hin und äugte her. Etwa fünf Meter entfernt war erst der nächste Ast am Boden. In nächster Umgebung war nur Laub und dies war erst noch feucht. Aber das Feuerchen hatte grosse Lust auf das Holz, das etwas entfernt und von seinem Standort nicht erfassbar war.

So begann es, das Laub, Blatt für Blatt zu sich zu nehmen. Nach einigen Blättern, ca. nach zwei Meter Distanz, wurde es ihm speiübel. Das nasse Blattgut tat ihm nicht gut. Es musste sich in der Folge übergeben. Dadurch löschte es sich selber aus.

Am nächsten Tag, am Sonntag, gingen zufälligerweise die Knaben mit ihren Eltern an denselben Ort, wie sie gestern schon alleine waren. Einer der Väter sah, dass hier ein ausgelöschtes Feuer war, das wohl versucht hat, sich zu vergrössern. Die Eltern wussten, zum Glück für die Kinder, nicht, dass dieses Feuerchen gestern durch die Knaben gemacht wurde.

"Seht, da haben ganz dumme Leute ein Feuerchen gemacht und es dann offenbar, ohne es zu löschen, alleine gelassen. Man sieht hier gut, wie es fast unkontrolliert weiter gebrannt hätte, wäre es nicht wegen dem feuchten Laub von selber erloschen. Kinder, lernt hier: Man lässt nie ein Feuer zurück, wenn man nicht sicher ist, dass er ganz erloschen ist. Auch wenn man es pressant hat, löscht man das Feuer. Wir Männer haben es ja da einfach, oder ?"

SCHNAPSTEUFEL

Schon mancher Mann hatte zu Hause Ärger.

Vielfach darum, weil die Frau der Meinung war, die Schnapsflaschen seien überdurchschnittlich oft leer. Logischerweise kommt dabei der Mann in ein schlechtes Licht. Wer anders als er soll den Schnaps denn trinken ? Da nützen alle Bezeugungen, dass er ja gar nicht so viel trinke, nichts. Auch, dass auch er sich nicht vorstellen könne, wohin sich der Schnaps verflüchtige, nützt nichts.

Der Schuldige ist und bleibt der Mann.

Wenn man mich schon früher gefragt hätte, ob es vielleicht einen anderen Grund für das Verschwinden des Schnapses geben könnte, hätte ich die Sache schon längst aufklären können. Die armen Männer wären so schon viel früher rehabilitiert gewesen.

Nur wenige, ich gehöre dazu, wissen, dass sich hier in Brunegg ein Schnapsteufel niedergelassen hat.

Vor langer Zeit, bevor in der Brunegghalde das Reservoir gebaut wurde, grub man im Sandhübel einen Stollen. Er war ca. 20 Meter lang. Dort fasste man zu dieser Zeit das Wasser für die noch wenigen Häuser. Nachdem das Reservoir gebaut war, liess man den Stollen eben Stollen sein. Es ist nicht mal mir bekannt, wo sich der Eingang dieses Stollens heute noch befindet.

Auf jeden Fall gab es sich, dass überall in der Gegend ein grosser Kampf gegen den Schnaps aufgenommen wurde. Denn ein Sprichwort sagt: "Wenn Schnaps im Haus, dann ist der Teufel im Haus"

Dieses Sprichwort war nicht nur symbolisch richtig, sondern auch real. Denn dort wo es Schnaps hat, trieb sich auch gern der Schnapsteufel auf.

Dort wo er gerade war und Leute zum Trinken von Schnaps verführte, gab es dann auch oft Streit. Dies ist eine grosse Begabung des Schnapsteufels, Streit zwischen Menschen anzuzetteln. Da der Schnapsteufel nicht überall sein kann, gibt es auch, dass ein kleiner Schnaps nach dem Essen nur dem allgemeinen Wohlbefinden dient und es nicht in Streit ausarten muss.

Der Krieg gegen den Schnaps wurde immer häufiger gewonnen. Dem Schnapsteufel wurde es zu bunt. Er hatte es Leid immer öfters den Kürzeren zu ziehen. Aus diesem Grunde suchte er sich eine Rückzugsmöglichkeit. Er fand diese im alten Wasserstollen im Sandhübel in Brunegg. Dort lebt er nun meistens zurückgezogen und alleine.

Manchmal aber zieht es ihn hinab ins Dorf. Er geht dann bei zwei oder drei Häusern vorbei und deckt sich mit Schnaps ein.

Bis heute ging das eigentlich immer gut. Grossen Schaden richtete der Schnapsteufel keinen an. Mit Ausnahme, dass die Männer oft falsch beschuldigt werden.

Auf eines müssen die Einwohner von Brunegg aber achten: Sie dürfen nie zu viel Schnaps im Hause haben.

Denn wenn der Schnapsteufel einmal zu viel Schnaps erwischt, so viel, dass er ihn nicht sofort trinken kann, dann besteht die Gefahr, dass er ihn mitnimmt.

Dann könnte es möglich sein, dass er den Schnaps in die alten Wasserleitungen kippen könnte.

Wenn ihr also einmal berauschende Gefühle nach dem Trinken aus dem Wasserhahn spürt, dann vermisst sicher in Brunegg jemand wieder Schnaps.

DAS UNGEHEUER IM SCHEIBENSTAND BRUNEGG

Es ist bekannt, dass der Scheibenstand von Brunegg 1913 gebaut wurde. Das Schützenhaus baute man erst 10 Jahre später, 1923.

Man fragt sich nun mit Recht, warum baute man die beiden Sachen nicht gleichzeitig.

Es ist nur so zu erklären, dass man eigentlich keines von Beidem bauen wollte. Man war ganz zufrieden, wie man bis 1913 geschossen hatte. Damals stellte man beim heutigen Scheibenstand einfach Scheiben auf. Geschossen wurde bereits vom Standort des heutigen Schützenhauses her. Man legte sich ins Gras und schoss auf die aufgestellten Scheiben. Zur damaligen Zeit wurde sehr viel geschossen. Der Schiesslärm war kein Problem. Das Schiessen gehörte einfach dazu, wie am Feierabend das Bier.

Vorerst verband man den Schiesssport mit der Möglichkeit, sich auch anderweitig noch sportlich zu betätigen. Man begab sich nach der Schussabgabe zu Fuss zur Scheibe und begutachtete seine Schiesskünste. Man klebte das Schussloch mit einem Stück Papier zu und begab sich wieder zusammen zu den Waffen, die man zurückgelassen hatte. Meistens blieb ein Knabe bei den Waffen zurück, damit keine, in der Zeit, in der die Schützen an die Scheiben gingen, entwendet wurden.

Aber immer öfters kam es vor, dass wenn die Schützen zurückkamen, der Jüngling benommen am Boden lag und einige der Waffen verbogene Läufe aufwiesen.

Man konnte sich nicht vorstellen, was da jeweils vor sich ging, wenn keiner der Schützen bei den Waffen war.

Nachdem es den Schützen zu bunt wurde und sie keine Lust mehr hatten, immer wieder die Waffen zu reparieren, verabredeten sie sich im Restaurant zu den drei Sternen zu einer Versammlung.

Zuerst wurde darüber beraten, was wohl der Grund sein könnte, dass jemand ihnen so zu Leide werkte. Sie kamen lange nicht hinter dieses Geheimnis.

Sie machten dann ab, dass nun halt nicht mehr an die Scheiben gegangen werde, sondern dass jemand bei den Scheiben bleibe und nach dem Schiessen den Schützen zeigen würde, was geschossen wurde.

Da alle gute Schützen waren, reichte es, dass sich der oder manchmal auch mehrere Zeiger etwas abseits der Scheiben, hinter einem Baum in Sicherheit legten. Wenn die Schützen geschossen hatten, bliesen sie mit einem Horn das Signal, dass die Zeiger aus ihrem Versteck hervorkommen konnten. Diese zeigten dann mit verschiedenen farbigen Kellen, was die Schützen getroffen hatten. Nachdem sie die Schusslöcher verklebt hatten, begaben sie sich wieder in ihr Versteck. Wenn alle in Sicherheit waren, gaben die Zeiger ein Signal, dass wieder geschossen werden konnte.

Von nun an, wurden keine Waffen mehr beschädigt.

Alle hatten Freude, dass sie das Problem auf eine elegante Art gelöst hatten.

Die Freude hielt aber nicht lange an.

Zwar wurden keine Waffen mehr beschädigt, aber die Zeiger waren plötzlich die Leidtragenden.

Immer wenn sie sich in ihr Versteck zurückzogen, geschahen unerklärliche Sachen.

Entweder vielen Äste von den Bäumen auf die wartenden Zeiger, oder sie wurden mit Walderde beworfen. Ausser ein paar blauen Flecken geschah ihnen glücklicherweise nie etwas Ernsthaftes. Nur Material ging kaputt. Die Hosen und die Hemden waren manchmal zerrissen, oder die Zeigerkellen waren plötzlich zerbrochen.

Mit der Zeit wurde es schwierig, noch Zeiger zu finden, die sich getrauten neben dem Scheibenstand sich in Deckung zu legen.

Als nur noch einige mutige Männer sich zur Verfügung stellten, wollten sie endlich wissen, was geschah. Sie machten ab, dass einer sich vor dem Schiessbeginn zur Deckung ging und sich auf einem Baum versteckte. Am Abend, im Sternen, konnte er dann erzählen, was da vor sich ging.

Sobald man mit dem Schiessen angefangen hatte, näherte sich der Deckung der Zeiger ein grusliges Monster. Es war fast nicht zu erkennen. Es konnte sich sehr gut an die Umgebung anpassen. Wenn man nicht genau schaute, konnte man es von einem Baum nicht unterscheiden. Es war sehr gross und offensichtlich auch sehr stark. Es gab nie Laute von sich. Wenn die Zeiger sich hingelegt hatten, brach es Äste von den Bäumen und war sie auf die Zeiger. Es schlich sich an die Zeiger ran und zerriss ihnen die Kleider. Da es sehr grosse Hände hatte, konnte es auch mit einem Mal eine grosse Menge an Walddreck aufheben und gegen die Zeiger werfen.

Um dem Ungeheuer nicht mehr schutzlos ausgeliefert zu sein, machten sich die Schützen dann 1913 daran, einen Graben zu bauen, in dem sie sich aufhalten konnten. Sie konnten dann aus diesem Graben heraus den Schützen, immer noch mit Kellen, zeigen was sie geschossen hatten. Es wurde eine Einrichtung gebaut, mit der man die Scheiben in den Graben herunterziehen konnte, um zu sehen, was geschossen wurde. Der Graben wurde mit einer Türe versehen, die immer abgeschlossen war. Wenn das Schiessen zu Ende war, wurden die Scheiben im Graben deponiert und mit Wellblechen zugedeckt. Von innen wurden die Bleche heruntergebunden, damit sie vom Ungeheuer nicht weggehoben werden konnten.

Ab dieser Zeit konnten die Schützen unbehelligt ihren Sport geniessen.

Nur manchmal konnte man in der Nacht einen Lärm hören. So, als jemand wie verrückt auf den Wellblechen auf dem Scheibenstand herumtrampeln würde.

Am nächsten Morgen konnte man dann auch feststellen, dass tatsächlich jemand versucht hatte, die Bleche zu entfernen. Dies gelang aber nie.

Nach längerer Zeit hörte auch dies dann auf.

Man geht nun davon aus, dass das Monster den Schiesslärm nicht gerne hatte. Wahrscheinlich ist es nun bemüht verschiedene Leute zu beeinflussen, dass sich diese auch dafür einsetzen, dass das Schiessen verschwindet.

In Brunegg hatte das Ungeheuer glücklicherweise noch keinen Erfolg.

Gebt aber Acht, dass aus lauter Verrücktheit das Monster nicht plötzlich auch hier Leute in seinen Bann ziehen kann. Wenn ihr in der Region vom Scheibenstand spazieren geht, achtet darauf, dass unerklärliche Begebenheiten ein Anzeichen auf das Monster sein kann. Bleibt auf der Hut.

FEHLALARM

Heute wollte der Feuerwehrmann Löscher seinen Feierabend geniessen.

Zu Hause angekommen, setzte er sich vor den Fernsehapparat und begann eine Sportsendung anzusehen.

Als es gerade richtig spannend wurde, läutete das Telefon. Es klingelte nicht so, wie es normalerweise klingelt, wenn jemand anruft.

ALARM ! Feueralarm !

Gerade jetzt, das passte Löscher gar nicht. Aber er sehr pflichtbewusst und nahm den Hörer ab.

"Hier die Feuerwehralarmstelle. Brandalarm bei Firma Paffer, Bürogebäude Ost, zweiter Stock. Treffpunkt beim Brandobjekt. Ich wiederhole…"

Löscher musste die Meldung nicht ein zweites Mal anhören. Sofort stellte er den Fernseher ab, begab sich in die Garage, zog die Feuerwehruniform an und fuhr mit dem Moped zum nahe gelegenen Feuerwehrlokal. Er war bei Bränden verantwortlich, dass das Tanklöschfahrzeug zum Alarmobjekt gefahren wurde. Im Feuerwehrlokal wartete ein weiterer Feuerwehrkollege. Zusammen fuhren sie mit Blaulicht und Martinshorn zur gemeldeten Adresse.

Mit Mühe konnten sie auf einer Kreuzung einen Zusammenstoss mit einem anderen Fahrzeug verhindern.

Auf dem Schadenplatz angekommen, wunderten sie sich, dass niemand ausser ihnen anwesend war.

Auf der Ostseite, so wie gemeldet, sahen sie tatsächlich im zweiten Stock ein offen stehendes Fenster. Aus diesem Fenster trat Rauch. Es war zwar nicht dichter Rauch, wie er bei einem Vollbrand auftrat, aber doch Rauch.

Also stellten Sie die mitgebrachte Leiter an und richteten das Tanklöschfahrzeug für den Einsatz ein.

Kurz abgesprochen, nahm Löscher das Strahlrohr und begab sich die Leiter hoch. Sie hatten abgemacht, dass Löscher seinem Kollegen das OK zum Öffnen des Wasserventils gebe, wenn er oben sei und sich über das Ausmass des Feuers einen Überblick verschaffen hatte.

Der Kollege von Löscher war neu und dies der erste Ernsteinsatz. Er war sehr nervös. Als er sah, dass Löscher die Unterkante des Fensters im zweiten Stock erreichte, wartete er das OK nicht ab, sondern öffnete das Ventil für die Wasserleitung. Schnell füllte sich der Schlauch. Nach kurzer Zeit war das Wasser bei Löscher angekommen. Dieser hatte in der Hitze des Gefechts bereits unterwegs das Strahlrohr einsatzbereit gemacht. Das heisst, das

Wasser trat sofort aus der Düse, als es oben angekommen war.

Der Rückstoss des Strahlrohrs war enorm. Löscher hob es fast von der Leiter. Nur mit Mühe konnte er sich festhalten und verhindern, dass er runterfiel.

Dank dem, dass Löscher sehr kräftig war, konnte er das Strahlrohr, trotz Rückstoss, ins offene Fenster halten.

Der Wasserstrahl schoss ins Büro.

Unterdessen hatte sich Löscher gefasst und sah, was sich im Büro abspielte und wie gross das Feuer war.

Ganz erschrocken drehte er die Düse seines Strahlrohrs wieder zu und musste dreimal leer schlucken. Was er sah, verschlug ihm vollständig die Stimme.

Das Büro war überall nass.

Auf dem Bürostuhl sass ein klatschnasser Mann. Er hatte schütteres Haar, das ihm nach der unfreiwilligen Dusche strähnig über die Stirn fiel.

In seinem Mundwinkel hing eine dicke Zigarre. Sie brannte nicht mehr.

Feuer gelöscht, Einsatz beendet.

DAS STERNENGESPENST

Normalerweise leben Geister in Schlösser und Burgen. So würde man annehmen, dass das Gespenst, das in Brunegg lebt, auch im Schloss anzutreffen ist.

Dem ist aber nicht so. Zurzeit, als auf Brunegg der böse Herrscher mit seinem grossen schwarzen Hund lebte, hatte sogar das alte Schlossgespenst Angst. Es flüchtete ins Dorf und liess sich in den Gemäuern des Restaurants Sternen nieder.

Vorerst verhielt sich das Gespenst ruhig. Es stand noch eine recht lange Zeit unter Schock. Niemand bemerkte es. Mit der Zeit steigerte sich das Selbstbewusstsein des Gespenstes wieder. Von Zeit zu Zeit machte es sich dann gegen Morgen bemerkbar. Es schlich durch die Räumlichkeiten des Sternen.

Man kann anhand einigen Merkmalen erkennen, wenn ein Gespenst am herumgeistern ist. Durch das Schweben des Gespenstes ist ein Rauschen wahrzunehmen. Ein Rauschen, wie es zu hören ist, wenn ein leichter Wind durch eine Baumkronen weht. Wenn es sehr aktiv ist, nimmt es meistens eine Kette mit sich, mit der es dann rasselt. Beim Durchstreifen der Räume macht sich ein Gespenst oft den Spass Gegenstände zu verrücken und zu bewegen.

Normalerweise bemerkten die noch anwesenden Gäste im Restaurant Sternen nichts vom Gespenst. Dies, weil sie zu später Stunde meistens auch nicht mehr mit allen Sinnen anwesend waren.

Dieser Umstand verärgerte das Gespenst und es zog sich ein weiteres Mal für längere Zeit zurück. Die Geschichte sagt, das Gespenst sei in eine Bodenritze gegangen, welche gegenüber dem heutigen Weinkeller, etwa dort, wo jetzt die neu gebaute Küche ist.

Lange hörte man nichts mehr vom Sternengespenst. Es hielt sich versteckt bis in die Gegenwart.

Als der heutige Wirt begann, den Gasthof zu den drei Sternen herzurichten, sah das Gespenst wieder eine Chance, seinem Ruf Ehre zu machen.

Es begann wieder herum zu spuken.

Nun hielt es sich vor allem im Keller auf. In der Bar, im Weinkeller und den dazu gehörenden Räumlichkeiten. Ganz gerne war es im hinteren Raum der Bar, dort wo die Bardamen die Vorräte haben.

Noch immer ist es so, dass sich die Barbesucher anderntags fragen, wie sie bestimmte Wahrnehmungen erklären könnten.

Leider wusste bis jetzt niemand, nicht mal der Wirt und die Bardamen, dass es im Sternen ein Gespenst hat.

So konnte sich mancher nicht erklären, warum er oft angesäuselt nach Hause ging, obwohl er der Meinung war, gar nicht so viel getrunken zu haben.

Eines hatten einige Gäste doch gefühlt: Sie fühlten sich beobachtet. Man sagt immer, der Wirt habe eine Kamera installiert. Doch in Wirklichkeit war dies das Sternengespenst, das sich versteckt hielt und alles immer genau beobachtete.

Wenn ihr euch also in der Sternenbar, oder im Weinkeller vom Sternen aufhaltet, gebt Acht. Es könnte sein, dass euch das Sternengespenst beobachtet. Schlimmer, wenn es euch erschreckt, den Fuss stellt und ihr die Treppe hinauf oder hinab fällt. Besonders die Frauen müssen auf der Hut sein. Es ist auffallend, dass die Barfrauen im Sternen kurz nach Arbeitsaufnahme Kinder bekamen.

DER RIESENFROSCH VOM BIRCHWEIHER

Wo der Birchweiher ist, wisst ihr sicher. Er ist eingangs Möriken, am Ende des Waldes, ca. 2 Km von Brunegg entfernt.

Dort lebt ein Riesenfrosch. Er ist schon ziemlich alt. Normalerweise sieht man ihn nicht. Er liegt immer im Wasser. Sein ganzer Körper ist unter Wasser.

Wenn ihr einmal beim Birchweiher seid, müsst ihr am Ufer ganz genau über das Wasser sehen. Ihr könnt dann zwei Seerosen sehen. Sie sind ca. 25 cm auseinander. Die Blüten dieser Seerosen sind aber keine Pflanzen, sondern die Augen des Riesenfrosches.

Der Riesenfrosch ist eigentlich ein genügsames Tier und verhält sich ganz ruhig. Durch seine Augen, die aussehen wie Seerosen, beobachtet er immer alles. Deshalb kann man ihn auch nur schlecht erschrecken.

Aber passt gut auf, dass ihr nicht auf den Frosch tretet, wenn ihr einmal ins Wasser geht.

Wenn ihr auf den Frosch tretet, dann ärgert dies den Riesenfrosch vom Birchweiher gewaltig. Mit der Ruhe ist es dann vorbei.

Der Frosch macht dann einen Sprung. Für den Riesenfrosch ist es ein kleines Hüpferchen, für uns Menschen aber ein gewaltiger Sprung. Der Sprung ist so hoch, dass man meistens so hoch geschleudert wird, dass man bis zu den Baumkronen kommt.

Wenn das einmal passieren sollte, dann versucht unbedingt einer der Äste zu greifen und euch daran fest zu halten. Dann hangelt euch den Ast entlang bis zum Baumstamm. An diesem könnt ihr dann zum Boden herunter rutschen.

Wenn ihr auf diese Weise wieder zu Boden kommt, geschieht euch mit Sicherheit nichts.

Wenn euch das Greifen eines Astes aber nicht gelingt und ihr wieder zurück aufs Wasser fällt, dann wird es gefährlich.

In diesem Fall fängt euch der Riesenfrosch wieder auf.

Aber wie ?

Das ist das Furchtbare. Mit seiner langen klebrigen rauen Zunge fängt er euch auf.

Dann zieht er euch in sein grosses schmieriges Maul und schliesst es mit den grossen wulstigen Lippen.

Vor nicht zu langer Zeit geschah genau dies zwei jungen Burschen.

Der eine konnte sich über den Baumstamm retten. Der andere fiel retour in den Weiher.

Der wurde nie mehr gesehen !?

DAS FEUER UND DIE LIEBE

Im übertragenen Sinn hat Feuer oder ist ein feuriger Charakter, wer leidenschaftlich und impulsiv handelt. Deshalb sagt man auch: Die Liebe brennt wie Feuer. Weil die Liebe meist leidenschaftlich ist und man hin und wieder auch in der Liebe impulsiv handelt.

Der Begriff Feuer, im Zusammenhang mit der Liebe gebraucht, ruft bei mir zum Einten Verständnis hervor und zum Zweiten aber auch Zweifel für diesen Vergleich. Die nachfolgenden Zeilen sind meine persönlichen Philosophien über dieses Thema:

Auf der einen Seite braucht es für ein Feuer einen Brennstoff und Sauerstoff. Um das Feuer entfachen zu können, ist eine bestimmte Zündtemperatur notwendig. Umgesetzt auf die Menschheit bedeutet das, man braucht mindestens zwei Personen, den Brennstoff und genügend Sauerstoff, eine günstige Atmosphäre oder Sympathien. Die Zündtemperatur, welche zum Entfachen des Feuers benötigt wird, kann man auf die verschiedensten Arten erreichen. Rein physikalisch wird Wärme durch Reibung erzeugt oder durch Überhitzung, wenn die Körperwärme durch Nähe nicht weichen kann.

Die Zündtemperatur kann auch durch einen Funkenschlag erzeugt werden. Dabei denke ich an eine zufällige, oder absichtliche, Berührung von zweier Menschen.

Auf diese Weise läuft das entfachen eines Feuers oder die Entstehung von Liebe ab.

Auf die andere Seite wird alles dafür gegeben, dass ein aufkommendes Feuer sofort wieder gelöscht wird. Dafür haben wir die Feuerwehr, die mit Wasser, Staub, Schaum, Kohlensäure und anderen Mitteln, sofort dafür besorgt ist, dass ein Feuer nicht um sich greifen kann und keinen grossen Schaden anrichtet.

Die Feuerwehr muss also immer entscheiden können, ob es sich bei einem Brand um ein Schadenfeuer, oder um ein Zweckfeuer handelt.

In der Menschheit ist diese Feuerwehr unser Verstand.

Dieser Verstand, unsere innere Feuerwehr, kann uns immer wieder einen Streich spielen, oder die Organisation ist in Disharmonie.

Diese Tatsache ist sicher der Grund, dass viele Beziehungen erst nach einiger Zeit, vielleicht sogar erst nach Jahren, wieder gelöscht werden.

Auch sind die immer häufiger zu beobachtenden One Night Stand's auf eine Missorganisation unserer internen Feuerwehr zurückzuführen.

Ein weiteres Problem besteht darin, dass unsere Feuerwehr nicht unterscheidet, welches von zwei Feuern zu löschen ist, wenn man plötzlich zwei Feuer entfacht hat. In den orientalischen Ländern wird diesem Problem mit Bigamie und Haremsbildung, Mehrfachbeziehung/Mehrfachehe, aus dem Weg gegangen.

Wir sehen also, die Feuerwehr ist ein sehr wichtiges Organ.

Sei es als reale Feuerwehr, oder als Helfer in der Gefühlswelt.

Halten wir also Sorge zu allen unseren Feuerwehrleuten und unserem gesunden Menschenverstand.

DIE FERNSEHKÄFER

Die Fernsehkäfer sind Tiere, die wir erst kennen, seit es die Fernseher gibt.

Es sind etwa 1 - 2 cm lange Tiere mit 6 Beinen, zwei Fühlern und einem kleinen Schwänzchen. Sie sind vollständig durchsichtig. Wie der Name des Tieres es erahnen lässt, haben sie etwas mit dem Fernseher zu tun.

Ihr könnt es glauben, oder nicht, aber es ist wahr, die Fernsehkäfer leben im Innern der Fernseher. Obwohl es sie noch nicht lange gibt, sind sie auch schon fast wieder am Aussterben. Denn die Fernsehkäfer können nur in den normalen Fernsehgeräten leben, nicht aber in den neuen flachen LCD- und Plasmaschirmen. Weil es in Brunegg noch wenige Flachbildschirme hat, gibt es hier noch am meisten dieser Käfer.

Sie ernähren sich vom Staub im Fernseher. Normalerweise kommen die Tiere nicht aus dem Fernseher raus. Aber wenn der Fernseher zu lange läuft und es warm wird in der Kiste, wird es den Käfern unwohl. Auch wenn der Fernseher zu laut läuft, stört sie dies gewaltig. Sie sind sehr wärme- und hörempfindlich. Dann verlassen sie den Fernseher und machen sich in der Wohnung zu schaffen.

Wie schon gesagt, könnt ihr die Käfer nicht sehen, da sie durchsichtig sind. Aber spüren könnt ihr sie.

Da ihr die Schuld daran trägt, dass die Käfer ihre Wohnstätte, den Fernseher, verlassen mussten, kommen sie zu euch und versuchen euch zu ärgern.

Wenn es euch beim Fernsehen juckt und beisst, dann sind dies sicher die Fernsehkäfer.

Die kommen über eure Füsse, Beine, auf die Brust, gehen unter die Arme und auf den Kopf. Auf ihrem Weg klemmen, beissen und kratzen sie euch.

Wenn die Käfer zu lange aus ihrem Fernseher raus sind, sterben sie. Sie kehren immer erst zum Fernseher zurück, wenn ihr ihn wieder abgestellt habt. Zu lange laufen lassen des Fernsehers, bedeutet also mit Sicherheit das Sterben der Fernsehkäfer.

Wenn sie gestorben sind, werden sie für uns Menschen sichtbar. Aber nie als Käfer. Sie zerfallen so, dass sie als Käfer nicht mehr zu erkennen sind.

Bei Feuchtigkeit werde sie zu einer unschönen braunen Masse. Bei Trockenheit oder in fettiger Umgebung werden aus den Käfern, munzig kleine weisse Blättchen.

Wenn ihr also zwischen den Zehen braune klebrige Masse, oder auf dem Kopf viele Schuppen habt, dann wisst ihr, dass ihr wieder einmal zu lange oder zu laut fern geschaut habt.

DER HABSBURGER

Die Geschichte sagt uns, dass nachdem der böse Herrscher mit seinem schwarzen grossen Hund aus dem Schloss Brunegg verschwunden war, ein neuer Schlossherr eingezogen sei. Ein Habsburger. Das Land, über welches der neue Schlossherr verfügte, nannte man das Eigenamt, zu dem auch Brunegg gehört.

Schon damals mussten die Einwohner von Brunegg Steuern entrichten. Jeden Letzten des Monats kamen die Knechte des Schlossherrn mit einem Wagen und forderten die Steuern ein. Man bezahlte mit Mehl, Brot, Früchten, Gemüse, oder auch einmal mit einem Huhn oder Kaninchen.

Jeden Samstag trafen sich vier Edelmänner, unser Habsburger, der Schlossherr von Wildegg, von der Habsburg und der Verwalter von Königsfelden auf der Habsburg zum Pokern. Damals hatte das Kloster Königsfelden grosses Vermögen und grossen Einfluss in der Gegend. Deshalb lud man auch den Verwalter des Gutes zu den Pokerpartys ein.

Eine Zeit lang gewann mal der, mal der andere und wieder mal ein anderer.

Man pokerte nicht nur um Geld, sondern auch um Teile der Ländereien, die den Edelleuten gehörten.

Eines Tages war der Habsburger aus Brunegg sehr übermütig. Er glaubte, er habe ein gutes Blatt in den Händen und bot alles was er hatte; das ganze Eigenamt.

Wir gescheiten Leute wissen, dass das Spielen um Geld oder andere Wertsachen nicht gut ausgehen kann. Dem Schlossherrn waren diese alten Weisheiten gleichgültig. Er wollte unbedingt mehr Land gewinnen.

Aus diesem Grunde bot er das ganze Eigenamt als Einsatz an. In der Pokerrunde waren nur noch er und der Verwalter von Königsfelden. Er forderte den Verwalter auf, er müsse auch sein ganzes Vermögen setzen. So geschah es, dass abgemacht wurde, dass derjenige, der diese Partie gewinnt, das Vermögen des anderen gewinne. Die anderen beiden Herren, aus Wildegg und Habsburg, waren Zeugen.

Unser Habsburger hatte zwei Paare. Ein Paar Könige und ein Paar Asse.

Langsam deckte der Verwalter von Königsfelden seine Karten, eine um die andere, auf.

Eine acht, eine zweite acht, ein Bauer, ein zweiter Bauer; nun lagen auch zwei Paare auf dem Tisch. Es war das schlechtere Paar, als das vom Habsburger. Aber es fehlte die letzte Karte. Ein dritter Bauer war es. Der Königsfelder hatte ein Fullhouse.

Somit gewann der Königsfelder vom Habsburger sein ganzes Eigentum.

Seit dieser Zeit, gehörte das Eigenamt nicht mehr zu Habsburg, sondern zu Königsfelden.

Brunegg wechselte also den Besitzer bei einer Pokerrunde.

Aus Scham zog der Schlossherr von Brunegg aus. Es ist nicht genau bekannt, wohin. Man nimmt an, dass er nach Frankreich ausgewandert sei und in einem kleinen Fischerdorf, in der Nähe von Sete, seinen Lebensabend verbrachte.

DER FEUERKÄFER

Der Feuerkäfer ist ursprünglich ein Käfer von ca. 8 bis 15 mm Länge.

Seinen Namen verdankt dieser Käfer seinem Paarungsverhalten, da er Waldbrände Orten kann und seine Eier nach Waldbränden in abgebrannten Baumstümpfen ablegt, aber auch der auffälligen Rotfärbung seiner Art.

Einige dieser Käfer haben sich bei gescheiten Raben parapsychologisch weitergebildet. Solche gebildeten Käfer haben sich auch bei uns niedergelassen.

Einige haben sich durch ihr Studium die Fähigkeit angeeignet, Feuer zu sehen, bevor es wirklich entstand. Einige wenige, die ein Zusatzstudium absolvierten haben, gar die Möglichkeit, Feuer selber zu entfachen. Sie können durch Konzentration so schnell mit ihren Fühlern reiben, dass eine enorme Hitze entsteht, die es ermöglicht, ganz dürres Reisig anzuzünden.

Wenn sie einen Feuerkäfer auf einem verbrannten Stück Holz beobachten können, ist dies weiter nichts Aussergewöhnliches und absolut normal. Es wird sich dann mit Sicherheit um einen normalen und auch normal gebildeten Feuerkäfer handeln.

Finden sie aber einen solchen Käfer in ihrer normalen heilen Umgebung ist Vorsicht geboten.

Es könnte sein, dass der Käfer an seinem Aufenthaltsort selber ein Feuer entfachen wird, um so für seine Brut ein Zuhause zu schaffen. Es ist auch möglich, dass der Käfer sich dort aufhält, weil er weiss, dass in Kürze dort ein Feuer ausbrechen wird und darauf wartet, bis er seine Eier dann in den Brandruinen deponieren kann.

Zum Glück gibt es nicht viele solch studierte Feuerkäfer. Die Gefahr ist nicht gross.

Letzte Woche habe ich vernommen, dass Herr Brownie von der damaligen Feuerwehr Brunegg, sich mit der Zucht solcher Käfer intensiv beschäftigt. Zusammen mit den Herren Händschi und Othmar haben die drei innovativen Feuerwehrleute unterdessen in der Feuerwehr Maiengrün die Abteilung Feuerkäfer gegründet.

Brownie hat seit ca. zwei Jahren eine entsprechende Pilotgruppe von Feuerkäfern in Betrieb. Das von ihm angefangene Projekt wird prioritär mit viel Einsatz in der Abteilung Feuerkäfer weitergeführt.

Die gezüchteten Käfer sollen eine Grösse von bis zu 20 cm erreichen. Diesen wird dann ein Sender unter die roten Deckflügel angebracht. Ein spezieller Pikettdienst wird danach die Aufgabe haben, auf Monitoren die Standorte der ausgesetzten Käfer zu verfolgen.

Mit diesen Massnahmen würde dann die Feuerwehr immer zu den Brandplätzen ausrücken können, bevor ein Feuer überhaupt entstehen könnte.

Wäre an einem 1. August Herr Megamäge ebenfalls in dieser Projektgruppe gewesen, dann hätte man mit Sicherheit einen Versuchskäfer in Mägenwil in einer Hecke geortet. Dann hätte man auch den aufkommenden Brand durch die Ortsfeuerwehr in seiner Entstehung bekämpfen können und hätte nicht vier Feuerwehren samt Sanität aufbieten müssen.

FAMILIE FEUER

Herr und Frau Feuer lebten zufrieden in einem schönen Haus in einem wunderbaren Cheminee.

Sie hatten es gut. Sie wurden von den Bewohnern des Hauses gut behandelt. Regelmässig wurde ihnen Nahrung zugeführt.

Dafür erfreute die Familie Feuer die Hausbewohner mit lebendigem Flammengeflacker, mit warmem Licht und wohliger Wärme.

Die Wohnung von Herr und Frau Feuer war mit einem feinen Maschengitter abgeschlossen.

Eines Tages beschlossen sie, Kinder zu kriegen.

Es wurden gleich zwei kleine Feuerchen geboren. Ein Mädchen und ein Knabe. Als sie auf die Welt kamen, waren sie unscheinbar und nur als Glut zu erkennen. Mit der Zeit wuchsen sie mehr und mehr.

Nach der Glut wurden sie ganz kleine Flämmchen. Sie hatten ganz hinten in der rechten Ecke des Cheminees ihren Aufenthalt.

Als sie etwas grösser waren, schienen sie vorerst plötzlich nicht mehr zu wachsen. Sie bekamen nicht genug zu essen, was den Wachstumsstillstand erklärte. Sie waren aber trotzdem zufrieden und hüpften lustig hin und her.

Einmal nach vorne, dann nach links und nach hinten in die linke hintere Ecke.

Als auch Herr und Frau Feuer immer mehr Hunger bekamen, bemerkten dies die Menschen und gaben wieder Nahrung ins Cheminee.

Sofort begannen die Eltern, wie die Kinder, gierig an zu essen.

Nun konnten die beiden Feuerkinder wieder wachsen. Mit dem grösser werden, wurden sie auch wilder.

Ihre Sprünge wurden immer höher und weiter. Manchmal streckten sie sich bis hinauf in den Schornstein, dann bückten sie sich wieder ganz runter in ihre Ecke.

Nachdem sie wieder einmal Essen bekamen, vergass der Mensch den schützenden Cheminee Vorhang zu zuziehen.

Erst scheu, dann immer frecher, getrauten sich die beiden jungen Flämmchen an den Rand des Chemineeeingangs.

Die Eltern warten die beiden, sie sollen aufpassen und sich nicht zu weit nach draussen lehnen. Die beiden hörten zwar die Warnungen, dachten aber, dass die Eltern wieder einmal zu viel Angst hätten und schlugen die Worte in den Kamin.

Während sich die beiden Kinder neckten und einander nachrannten, viel plötzlich der Bub aus dem Cheminee auf den Wohnzimmerboden der Menschen.

Das Mädchen erschrak und hüpfte seinem Bruder nach, um ihm zu helfen.

Beim Bruder angekommen, merkten sie, dass sie auf etwas gefallen waren, was ihnen ausgezeichnet schmeckte; ein Teppich.

Der war viel besser als das Essen, das sie bei ihnen zu Hause im Cheminee bekamen. So begannen sie sich den Bauch voll zuschlagen.

Auf einmal war es Schluss mit dem Schmaus.

Ein kalter nasser Riese bedeckte sie. Sie bekamen weder Nahrung noch Sauerstoff und erstickten elendiglich.

Der Mensch sah, dass die beiden Feuerkinder aus dem Cheminee gekommen waren und sich an seinem Teppich gütlich taten und tötete sie mit einem Eimer voll Wasser.

GESANGSUNTERRICHT FÜR GÜGGEL

Der Lindenhof-Bauer hatte schon immer Hühner. Man konnte sie von der Strasse aus beobachten, wie sie lustig im Garten herum gackerten und nach Futter scharrten. Jedes Huhn legte fast jeden Tag ein Ei.

Auf dem Hof lebte auch ein Güggel. Der war ganz klar der Chef im Hühnerstall und schaute zum Rechten.

Mit der Zeit bekam der Lindenhof-Bauer immer mehr Freude an seinen Hühnern. Er dachte sich, er könne ihnen eigentlich ein schöneres Zuhause bauen. Auch könne er dann, wenn er schon bauen würde, auch mehr Hühner halten.

So kam es, dass er am Ende der Sanhübelstrasse, oberhalb des Egishard, schon auf dem Gemeindegebiet von Möriken, einen neuen grossen und wunderbar eingerichteten Hühnerstall baute.

Der Hühnerstall hat alles was sich ein Huhn nur wünschen kann. Grosse Schlafräume, genug zu Essen, einen Wintergarten und einen grossen Garten zum Spazieren.

Als alles fertig war, zogen die Hühner ein. 1980 Stück waren es. Für Kost und Logis mussten sie dem Lindenhof-Bauer und seiner Frau jeden Tag ein Ei abgeben.

Bei so vielen Hühnern braucht es natürlich auch mehr Güggel als auf einem normalen Bauernhof. 20 Güggel waren dafür verantwortlich, dass alles mit rechten Dingen zu ging und dass die Eier auch immer schön gelegt wurden.

Die Güggel sind auch dafür verantwortlich, dass die Hühner am Morgen zeitig erwachen, aufstehen und Morgentoilette machen, damit sie zum Eierlegen fit und nicht zu spät sind.

Es wurde abgemacht, dass immer für 100 Hühner ein Güggel zuständig ist.

Damit es keinen Streit gab, wurden die Hühner den Güggeln zugelost.

Jeder Güggel war nun für seine Hühner zuständig.

Jegliche Ähnlichkeit mit der Menschenwelt ist hier rein zufällig und nicht beabsichtigt.

Dass die Hühner auch wussten, wann ihr Güggel ruft, wann das Wecken ihnen gilt, machten die Güggel ab, dass jeder anders krähen würde.

Dies war am Anfang gar nicht einfach. Die Güggel waren sich gewohnt zu schreien, wie ihnen der Schnabel gewachsen war. Aus diesem Grunde tönten die Schreie alle gleich. Die Hühner wussten nicht, welcher Güggel, ob ihrer, oder ein anderer, gekräht hatte. Deshalb gab es am

Morgen immer ein heilloses Durcheinander, wenn alle 1980 Hühner auf einmal aufgestanden sind und ihre Tagesarbeit in Angriff nahmen.

Das musste geändert werden.

Der Lindenhof-Bauer und seine Frau wussten aber nicht so genau, was sie nun tun sollten.

Deshalb fragen sie mich an, was man wohl am besten unternehmen könne, damit die Hühner ihren Güggel erkennen können.

Für mich war schnell klar, was zu tun ist.

Eine Woche lang ging ich alle Tage, am Morgen um 0400, zum Hühnerstall. Dort nahm ich alle 20 Güggel zusammen und lehrte sie auf verschiedene Arten zu krähen. Wir machten Gesangsunterricht für Güggel.

Nach dieser Woche konnte dann jeder Güggel auf seine Weise krähen. Die Hühner erkannten ihren Güggel sofort und wussten, wann sie daran waren, aufzustehen.

Alle vier Wochen gehe ich nun, jeweils am 10. jedes Monats, zum Hühnerhof und mache einen Wiederholungskurs.

Wenn ihr sehen und hören wollt, wie das geht, dann müsst ihr mal am 10., früh morgens um 0400 zum Hühnerstall kommen.

DIE FEUERMÜCKE

So wie es den Feuerkäfer gibt, gibt es auch eine Feuermücke.

Jedoch ist die Feuermücke sehr selten. Es gibt nur wenige Leute, die diese Art von Mücke kennen. Es sind Spezialisten der Tierwelt oder der Feuerwelt, die sich mit dieser Art von Insekt befassen. Lesen kann man auch nicht viel über das Individuum. Dies, weil die allgemeine Fachwelt nicht an die Existenz der Feuermücke glaubt. Wenn bei den Botanikern, den Biologen und den Feuerspezialisten diese Mücke erwähnt wird, geht ein Raunen durch die Menge, gefolgt von Gelächter und abschätzigem Abtun der Theorie.

Zum heutigen speziellen Anlass habe ich allen Mut zusammen genommen und mich bereit erklärt, als Spezialist der Feuermücken etwas über diese Tierchen zu erklären.

Man sieht sie fast nie. Aber spüren tut man sie; und wie.

Zuerst die Beschreibung: Die Feuermücke sieht gleich aus, wie die normale Stechmücke, die wir alle unangenehm kennen. Lediglich an ihrem Stachel hat sie einen roten Punkt, der normalerweise mit einem Bluttropfen verwechselt wird. Die normale Mücke hat manchmal auch einen solchen roten Punkt. Bei der ist es aber eben genau so ein Bluttropfen, der nach dem Blutsaugen hängen geblieben ist.

Das Geräusch der Stechmücke kennen wir alle. Dieses Geräusch warnt uns vor dem Annähern einer Mücke. Das Fluggeräusch der Feuermücke ist viel höher. So hoch, dass wir Menschen es nicht wahrnehmen können. Man hat festgestellt, dass Hunde diese hohen Töne hören, so wie sie auch die lautlosen Hundepfeifen hören, deren Pfiff genauso hoch ist.

Die Feuermücke ernährt sich ebenfalls vom Blut der Menschen und Tiere. Da wir die Feuermücken nicht hören, so wie die Steckmücken, merken wir sie erst, wenn es schon zu spät ist. Dass es sich um eine Feuermücke handelte, spüren wir daran, dass der Einstich stark entzündet ist.

Diese Entzündung kommt nicht daher, dass der Stachel der Mücke nicht sauber wäre; nein, die Mücke brennt uns mit einem kleinen Flämmchen ein Loch in die Haut, bis in die Blutader.

Deshalb ist es sehr wichtig, dass man, insbesondere im Sommer, keine leicht brennbaren Kleider anzieht.

Stellt euch einmal vor, eine Feuermücke will bei euch zu Mittag essen. Sie landet auf dem Hemd oder der Bluse und brennt mit ihrem Feuerstachel ein Loch hinein.

DIE GUTEN HEXEN UND BÖSEN DÄMONEN VOM UNTERBÄNDLI

Von Hexen und Dämonen haben sicher alle schon gehört. Dass es sie aber auch wirklich gibt, das bezweifeln die meisten Menschen. Ich nicht. Ich weiss, dass es sie gibt. Sogar in unserem Dorf gibt es welche.

Sie lebten schon immer im Gebiet des Unterbändli. Dort, wo jetzt Kies abgebaut wird.

Die Hexen sind Wesen, welche sicher nie an einem Schönheitswettbewerb einen Preis gewinnen würden. Sie sind aber sehr friedlich und den Menschen gut gesinnt.

Ihr nicht gerade schönes Aussehen können sie verändern. So ist es möglich, dass uns eine Hexe als alte Frau, als schönes junges Mädchen, oder mit ihrem natürlichen Aussehen begegnen kann. Darum kann es durchaus der Fall sein, dass wir einer Hexe begegnen, von welcher wir nicht merken, dass es eine ist.

Die Dämonen hingegen sind böse Wesen. Sie sind sehr gruselig anzusehen. Auch die Dämonen können sich verändern. Sie, im Gegensatz zu den Hexen, können sich in jedes erdenkliche andere Wesen verwandeln. Jedes erdenkliche Tier, ob Schaf oder Wolf, ob Pferd oder Huhn, kann ein Dämon sein. Sie können sich sogar in andere lebende oder tote Menschen verwandeln. Deshalb kann es sein, dass man mit einem Bekannten spricht, der eigentlich gar nicht anwesend sein kann. Auch ist es möglich, dass man das Gefühl hat, man sehe jemanden, der eigentlich schon lange tot ist.

Früher, als das Unterbändli noch nicht bebaut und der Kies noch nicht abgebaut wurde, wo auch noch keine Autobahn da gewesen war, lebten die Hexen und Dämonen auf dem Feld und im nahen Wald.

Nur manchmal war es möglich, dass man aus dem vorbeifahrenden Zug etwas sah, was man weder als Mensch, noch als Tier erklären konnte. Meistens vergass man das Gesehene sofort wieder, weil man dachte, man sei einer Halluzination zum Opfer gefallen. Nur Wenige, darunter natürlich auch ich, wussten, dass es keine Halluzination, sondern Tatsache gewesen war.

Die Dämonen machten nichts anderes, als die Menschen im Dorf und in der Umgebung zu ärgern und fügten ihnen kleineren oder grösseren Schaden zu. Die Hexen waren damit beschäftigt, die Menschen von den Taten der Dämonen zu schützen und Unrechtes wieder gut zu machen.

Die Geschichte sagt, dass einmal ein Dämon ein Feuer gelegt haben soll. Die Feuerwehr, damals noch mit Pferd und Wagen, mit Holzleitern und Handpumpen ausgerüstet, sei schon ausgerückt gewesen. Als sie aber beim gemeldeten Brand angekommen seien, sei von einem Feuer nichts zu sehen gewesen. Nur noch ein kleines Häufchen Asche neben dem Haus war vorhanden. Damals konnte man sich nicht erklären, warum ein Alarm ausgelöst worden war und dann doch kein Feuer gefunden werden konnte. Wir wissen aber, dass dies deshalb so war, weil die Hexen das Feuer schnell löschten und mit ihren Fähigkeiten alles wieder so herrichteten, wie es vor dem Anschlag der Dämonen war.

Später, als die Autobahn kam und die Gegend mehr und mehr überbaut wurde, zogen die meisten Dämonen und auch Hexen weiter. Die Hexen folgten den Dämonen, damit sie an den Orten, wo sie sich niederliessen den Menschen auch wieder helfen konnten.

Einige wenige aber blieben. Sie blieben bis heute. Man sagt, es seien noch zwei Dämonen und etwa fünf Hexen, die sich noch im Unterbändli herumtreiben sollen.

Seit Kies abgebaut wird, sind sie sehr selten in der Gegend aktiv. Sie machen mehr und mehr grössere Ausflüge. Zurzeit sind sie oft an der Bünz in der Region von Möriken beschäftigt. Immer noch mit der gleichen Absicht: Die Dämonen ärgern und schaden den Leuten und die Hexen machen alles wieder rückgängig.

Manchmal aber gelingt den Hexen diese Hilfe an der Menschheit nicht. Manchmal gewinnen die Dämonen.

Man kann eigentlich alles Unerklärliche was bei uns geschieht den Dämonen und Hexen vom Unterbändli zuschreiben.

Brände, die sich nicht erklären lassen waren die bösen Dämonen.

Ein Schaden, der plötzlich wieder in Ordnung ist, waren die guten Hexen.

Aus dieser Geschichte kann man lernen, dass man vorsichtig sein muss. Wenn man mit jemandem redet, der Schlechtes über einen anderen Menschen spricht, könnte es ein verwandelter Dämon sein und nicht der Mensch, von dem man meint, dass er einem gegenüber steht.

Es ist auch möglich, dass ein Dämon von einem Besitz ergreift. Bevor man also etwas tut, was einem vielleicht später leidtun könnte, achtet darauf, ob ihr es wirklich tun wollt, oder ob ihr eventuell von einem Dämon geleitet werdet.

Wenn euch jemand Unbekannter etwas Gutes getan hat, war es wahrscheinlich eine gute Hexe.

Vor den Hexen müsst ihr euch nicht in Acht nehmen, das habt ihr nun gehört. Vor den Dämonen aber, müsst ihr euch fürchten. Die Hexen können nicht überall sein und uns vor den Bösen zu beschützen.

Besonders wenn ihr nachts alleine in der Gegend vom Unterbändli spazieren geht, passt besonders gut auf. Nicht dass euch plötzlich ein Dämon in die Kiesgrube schubst, oder ein Ast von einem Baum herunterfällt und euch verletzt.

Wenn ihr denkt, ihr hört ein Reh oder einen Hasen, könnte es auch ein Dämon sein, der euch anschleicht und ärgern oder erschrecken will.

DAS GEDICHT ÜBER DAS FEUER

Was ist es, was uns erwärmt und kann erhellen unsere
dunklen Tage ?
Dies will uns beschreiben diese kleine Sage.

Grosse schöne Wunder erbringt das lodernde Feuer
Es kann sein ganz niedlich, doch auch Ungeheuer

Es kommt aus der Erde, aus derer Zentrum
Und geht auf Reisen, kommt weit herum

Auf seinem Weg braucht es viel zu Fressen
Vor allem an Holz und Papier hat es seine Interessen

In klaren Schranken, gut gebändigt und unter stetiger Auf-
sicht
So soll es uns gnädig dienen, das ist seine Pflicht

Wehe wenn es ausgerissen und ist frei am Wüten
Wenn es niemand mehr tut hüten

Dann kommt über uns das grosse Elend
Und die Folgen sind grausam quälend

Helfen können nur noch die Fire-Fighter
Die versuchen zu retten, bis zur Hühnerleiter

Besser als das Löschen ist, und das ist klar zu sagen
Zur Flamme und dem Feuer soll man Sorge tragen

Dann kann man sich ergötzen, am Knistern und am Schein
Sich erholen, eines Singen oder ganz einfach glücklich sein

DER BESCHWIPSTE AMOR VON DER STERNENMATTEN

Die einen nennen es Schicksal. Die anderen sagen Vorsehung dazu. Gemeint ist, wenn zwei, ein Männlein und ein Weiblein, sich finden und zusammen kommen.

Richtig ist aber, dass es kein Zufall ist, wer zusammen kommen soll.

Genaue Berechnung ist es; eine Tat von Amor.

Amor ist ein römischer Gott. Im Griechischen ist es Eros. Er ist der Sohn der Schönheits- und Liebesgöttin Venus, welche identisch ist mit der griechischen Göttin Aphrodite und dem Schmiede- und Künstlergott Hephaistos. Möglicherweise ist der Vater aber auch Ares, der Kriegsgott. Dies war der Liebhaber von Aphrodite. Eine endgültige Vaterschaftsabklärung hat es nie gegeben. Im Ahnenstamm liest man, dass die Grosseltern von Amor Zeus und Heras sind. Dies sind die Eltern von Hephaistos, vom Vater von Amor.

Dieser Amor ist es, der bestimmt, wer zusammen kommt.

Wie er weiss, wen er zusammen bringen soll und wie er dies macht, fragt ihr euch nun sicher. Genau das will ich euch erzählen:

In jedem Dorf gibt es mindestens einen Amor. Ja richtig, es gibt nicht nur einen. Nein, es gibt mehrere Amor's. Dies ist damit zu erklären, dass es eine Figur der Mythologie ist. Weil aber immer nur einer für ein Paar zuständig ist, redet man immer nur in der Einzahl von Amor.

Wie gesagt, in jedem Dorf gibt es einen Amor. Der von Brunegg lebt in der Umgebung der Sternenmatten. Meistens ist er im Lebhag, der das Grundstück des Gasthofes Sternen umgibt.

Die Amor's beobachten alle allein stehenden Leute im Dorf ganz genau. Besonders die ledigen hier müssen genau aufpassen, dann merken sie vielleicht, dass sie immer unter Beobachtung stehen.

Jeden 5. des Monats kommen alle Amor's zusammen und besprechen miteinander, wen sie verkuppeln möchten. Diese Zusammenkünfte sind immer wo anders. Wenn sie bei uns im Dorf sind, sind sie meistens so gegen Mitternacht auf der Wiese zwischen Schulhaus und Wald.

Jeder Amor beschreibt einen oder mehrere Kandidaten und Kandidatinnen. Zusammen suchen sich dann den passenden Partner aus.

Wenn beide, die zusammen kommen sollen, aus dem gleichen Dorf stammen, dann kann es der zuständige Amor selber erledigen. Wenn sie aber in verschiedenen Orten wohnen, müssen die beiden entsprechenden Amor's zusammen arbeiten.

Ihr wisst sicher, was dann geschieht. Richtig, die beiden Bestimmten werden mit einem Pfeil beschossen. Natürlich nicht mit einem normalen Pfeil, wie wir ihn früher bastelten, oder wie sie die Sportbogenschützen benutzen. Es sind Spezialpfeile, die die entsprechende Wirkung auch erzielen können. Sie werden extra von Amor sorgfältig angefertigt. Weiter muss klar sein, welche beiden Pfeile zusammen gehören, damit dann auch die richtigen Personen zusammen finden. Dazu werden die beiden Pfeile, welche den Mann und die Frau treffen sollen, mit einem Band umwickelt. Es ist das so genannte Verbindungsband. Danach nimmt jeder Amor seinen Spezialpfeil mit und schiesst ihn dem oder der Auserkorenen in den Hintern.

Wenn sich die Beiden dann das nächste Mal sehen, dann verlieben sie sich in einander.

Manchmal haben die Amor's auch ihre Launen. Dann bestimmen sie zwei Leute, die sich gar nicht kennen und sich noch nie gesehen haben. Wenn das passiert, spricht man von der Liebe auf den ersten Blick.

Früher ging für die Amor's alles viel einfacher. Sie schossen ihre Pfeile ab und die Bestimmten heirateten. Dies ist ja auch der eigentliche Zweck der ganzen Sache.

Daran, wie viele der Verliebten dann auch heiraten, wird die Leistung der Amor's gemessen. Der Oberamor achtet genau auf die Statistik. Jedes Mal, wenn die beiden Beschossenen nicht heiraten oder sich wieder scheiden lassen, bekommt der zuständige Amor eine Standpauke, die sich gewaschen hat.

In der heutigen Zeit heiraten die jungen Leute nicht mehr so schnell

Dies brachte auch unserem Amor, der für Brunegg zuständig ist, immer und immer wieder Ärger ein. Aus Kummer und Gram nimmt er nun ab und zu ein Glas Wein, oder auch mehrere, zu sich.

Immer, wenn er dann beschwipst ist, denkt er, er müsse doch etwas gegen den Zustand des Nichtheiratenwollens tun.

Manchmal nimmt er dann mehrere Pfeile auf einmal und umwickelt sie mit dem Verbindungsband. Eigentlich wäre dies verboten. Man kann schliesslich nicht mehr als zwei Personen miteinander verheiraten.

Trotzdem machte unser Amor dies ab und zu.

So kam es, dass mit seinen mehreren verbundenen Pfeilen nicht nur ledige Leute oder Singles getroffen wurden, sondern auch mal bereits Liierte.

Was dann geschah, könnt ihr euch sicher denken. Noch mehr Ärger und grössere Standpauken für unseren Amor.

Manchmal schoss der Amor auch schon daneben und traf einen falschen Mann, eine falsche Frau, oder gar zwei Männer oder zwei Frauen. Dies ging vielfach auch nicht gut aus. Deshalb gibt es nun auch das bekannte Wäldchen zwischen dem ‚Vianco-Kreisel‘ und Birrhard.

Noch mehr Ärger und Standpauken für Amor.

Was lehrt uns nun diese Geschichte ?

Denkt daran, ihr werdet immer beobachtet !

Wenn eine Beziehung nicht hält, konnte dies sein, weil Amor seine Pfeile beschwipst abgeschossen hatte !

Noch etwas Letztes und Wichtiges !

Wenn Amor den Pfeil nicht in den Hintern trifft, dann kann dies sehr schmerzhaft sein.

Ein plötzlicher stechender Schmerz kann gut bedeuten, dass Amor den Pfeil nicht ganz nüchtern abgeschossen hat. Dann gibt es in der Regel Liebeskummer.

DIE STEINBRUCHFLÖHE

Wahrscheinlich wissen alle, dass wir in Brunegg einen Steinbruch besitzen.

Dieser Steinbruch entstand, als man für den Strassenbau Material brauchte. Früher gab es keine Asphaltstrassen, sondern durch Brunegg führte eine Naturstrasse, die eben mit dem Material aus dem Steinbruch befestigt wurde.

Was man beim Materialabbau nicht merkte, war, dass im Boden kleine Flöhe lebten. Eben die Steinbruchflöhe.

Da sie immer nur im Boden lebten und nur spärlich zu Essen hatten, waren es sehr kleine Tierchen.

Nun aber, da der Boden aufgebrochen war, konnten sie raus und entdeckten die Freiheit.

Sie merkten, dass es sehr angenehm war, wenn man sich in die Haare von Menschen begab. Von den Menschen wird man herumgetragen und man kommt weit herum. Alleine, mit ihren sechs kleinen Beinchen, wären sie nur langsam vorangekommen. Zudem konnten sie ganz bequem mit ihrem Mundwerkzeug, welches eine Kombination zwischen Stech- und Saugrüssel ist, in die Kopfhaut stechen und sich so mit dem Blut der Menschen ernähren. Die Suche nach Nahrung war vorbei.

Am liebsten suchten sich die Flöhe Kinder als Transportmittel aus. Die Kinder sind viel lebendiger und es lief immer etwas. Nie wurde es langweilig.

Dass dies den Kindern und Eltern natürlich nicht gefiel ist klar. Die Flöhe verursachen ein ekelhaftes Beissen und Jucken auf dem Kopf. Man wurde sie nicht los, indem man den Kopf wusch, oder einfach kämmte. Die Flöhe können sich mit ihren Borsten und Krallen an den Beinen in den Haaren sehr gut festhalten, was das Beissen und Jucken noch verstärkt.

Es gab dann Leute, meistens waren es Frauen, die sich darauf spezialisierten, Flöhe aus den Haaren der Kinder zu entfernen. Man nannte sie Flohtanten.

Regelmässig gingen die Flohtanten in die Schule um die Kinder von den Flöhen zu befreien.

Dies merkten mit der Zeit auch die Flöhe.

Die Begegnung mit der Flohtante endete meistens tödlich für sie.

Aus diesem Grunde wurden die Kinder immer weniger von den Flöhen befallen. Nur noch die Dümmsten der kleinen Biester wagten sich auf Köpfe von jungen Menschen. Die Gescheitesten blieben im Steinbruch. Ausflüge machten sie nur noch in der Gegend um die Steirüti. Da sie nun selber wieder wandern mussten, trainierten sie ihre körperliche Fitness regelmässig. Auch fliegen konnten sie früher noch ganz gut, unterliessen es aber und trainierten ihre Flugmuskeln zu Sprungmuskeln um. Nun konnten sie sehr schnell und weit springen.

Sie ernährten sich hauptsächlich vom Blut von Tieren.

In Brunegg sind die Flöhe fast ausgestorben.

Einige haben überlebt und sind teilweise sehr alt. Man redet davon, dass es solche gibt, die über hundert Jahre alt sind. Die sind auch sehr gross. Viel grösser als normal. Der normale Floh ist ca. 1,5 bis 4.5 mm gross und wird etwa 1 ½ Jahre alt.

Diese paar alten Flöhe, wie gesagt über hundert Jahre, sind denn auch etwa so gross wie eine Katze.

Heute soll es noch zwei von ihnen geben. Immer noch lebt das Paar im Steinbruch. Offenbar sind die Beiden eine grosse Ausnahme. Ihre Kinder sterben jeweils nach ca. einem Jahr.

Wenn die Alten aber auf Reisen gehen, dann wird es jeweils ungemütlich. Vielleicht habt ihr es noch nie gemerkt, wenn die beiden Flöhe auf Wanderschaft sind. Sie kommen meistens nachts in die Nähe der Menschen. Dort lassen sie dann ihre Jungen, das sind normale kleine Flöhe, zu den Menschen in die Haare, damit sie sich verpflegen können. Mit einer guten Verpflegung können sie dann wieder ca. zwei Monate ohne Essen sein. Deshalb wiederholt es sich auch nur alle zwei Monate, dass sie die Jungen in die Haare der Menschen lassen.

Die alten Flöhe haben die Jungen so erzogen, dass sie nach der Mahlzeit wieder zurück zu den Eltern gehen. Dies erklärt auch, warum die Flohtanten arbeitslos sind.

Wenn die Flöhe in den Haaren angekommen sind, dann geht für sie das Festessen los. Sie suchen sich ein Büschel Haar und klettern daran bis auf die Kopfhaut. Dort schlagen sie dann ihre Krallen in die Haut um richtig Halt zu finden. Dann stechen sie ihren Rüssel tief in die Haut und saugen Blut, bis sie satt sind. Nach dem obligatorischen Gorps begeben sie sich zurück zu den Eltern.

Das Festkrallen, Einstechen des Rüssels, Saugen des Blutes und wieder Loslassen, verspüren wir dann als sehr lästiges Beissen. Da nicht nur ein Floh auf einmal, sondern immer eine ganze Horde auf einen Kopf geht, ist das Beissen und Jucken auch entsprechend stark. Man kann fast wahnsinnig werden, so stark beisst es. Glück haben die Menschen, welche eine Glatze haben. Die bleiben von den Attacken der Flöhe verschont.

Denkt immer daran, wenn es euch beisst und juckt, dass es sich um Flöhe handeln könnte, die sich gerade auf eurem Kopf zu einem Galadinner eingefunden haben.

Schaut euch dann genau um. Vielleicht seht ihr in der Nähe die Eltern. Schaut jede Katze genau an, ob es wirklich auch eine ist und nicht etwa einer der Riesenflöhe aus dem Steinbruch Brunegg.

DER FEUERWICHTEL

Der Feueralarm wurde früh morgens, noch vor dem Sonnenaufgang, ausgelöst. Eine aufgeregte Frauenstimme meldete der Alarmzentrale, dass im Unterdorf ein Einfamilienhaus brenne.

Die Feuerwehr war schnell zur Stelle und begann sofort das Feuer zu löschen.

Es war keine leichte Aufgabe. Der Kommandant und seine Mannen hatten alle Hände voll zu tun. Zum guten Glück hatten sich drei Gemeinden geeinigt, ihre Feuerwehren zusammenzulegen. So hatte der Kommandant genug Personal und Gerätschaften um die Feuersbrunst optimal bekämpfen zu können.

Es war lange nicht klar, weshalb das Haus brannte. Nachdem die Flammen unter Kontrolle waren, begann die Polizei sofort mit den Ermittlungsarbeiten. Der Feuerwehrkommandant befahl fünf Männern, dass sie die Brandwache hielten. Die restliche Mannschaft wurde zurück ins Depot zum Retablieren beordert.

Es war ein Bau, der ein Einschalenmauerwerk mit der entsprechenden dicken Isolation aufwies.

Der Brandherd wurde nie gefunden. Auch die Ursache, weshalb der Brand entstand, konnte nie in Erfahrung gebracht werden.

Sicher war, dass offensichtlich auf einen Knall, das ganze Innere des Hauses brannte. Obwohl eine enorme Hitze entstanden sein musste, wurde die Isolation, aussen an den Mauern, in keiner Weise in Mitleidenschaft gezogen.

Der ermittelnde Beamte der Polizei stand vor einem Rätsel.

Er fand auch nirgends Hinweise darauf, dass ein so genannter Brandbeschleuniger im Spiel war. Der Eigentümer des Hauses war seit vielen Wochen im Ausland und das Haus seit dieser Zeit unbewohnt. Die Nachbarn wussten zu berichten, dass der Eigentümer ein komischer Kauz war. Man habe ihm nie recht über den Weg getraut. Man munkelte, er habe magische Kräfte gehabt.

Der Polizist und der Feuerwehrkommandant trafen sich noch am selben Abend zu einer Besprechung. Der Feuerwehrkommandant konnte rapportieren, dass es ihm nun auffalle, dass sie keine Türen aufbrechen mussten und dass auch keine Fenster defekt gewesen sind, was bei der herrschenden Hitze eigentlich hätte der Fall gewesen sein müssen.

Was hatte sich hier im Unterdorf abgespielt ?

Anhand dessen, was die Untersuchungen und Befragungen ergaben, kam der Polizist auch langsam zum Schluss, dass da Magie oder sonst höhere Kräfte im Spiel gewesen sein mussten.

Er nahm all seinen Mut zusammen und entschloss sich, in die Bauruine zu gehen. Er erhoffte sich davon, dass er eine Inspiration erhalten könnte.

So stand er dann am Abend, es dunkelte schon, im verbrannten Wohnzimmer.

Der Fussboden war übersäht mit Brandschutt. Als er da so stand, hatte er plötzlich das Gefühl, er höre ein leises Knistern. Es kam aus Richtung der westlichen Wand. Er hielt den Atem an. Das Knistern verursachte in seinem Bauch ein Kribbeln.

Dann sah er es: Ein kleines winziges Männchen hüpfte auf den Balken herum.

„Nein, das kann nicht sein, ich glaube ich habe Halluzinationen", dachte sich der Polizist. Aber dann kam das Männchen näher und näher. Der Polizist konnte sich vor Schreck nicht bewegen und blieb deswegen regungslos stehen.

Das Männchen war nun nur noch ganz wenige Zentimeter vor dem Polizist.

Es hielt sich die Hände, zu einem Trichter geformt, an den Mund und rief:

„Hallo, du grosser Stürchel, was glotzt du so blöd, hast du noch nie ein Feuerwichtel gesehen, he ?" „Nein, um Gottes Willen, etwas wie dich habe ich noch nie gesehen. Sag, kannst du mir vielleicht sagen, wie dieses Haus da so rätselhaft abbrennen konnte ?" Antwortete der Polizist und musste allen Mut zusammen nehmen.

„Ja weisst du, ich komme nur alle einhundert Jahre auf die Erdoberfläche. Normalerweise lebe ich weit in der Erde drinnen, nahe dort, wo sie noch flüssig ist. Ich suche mir dann immer ein leer stehendes Haus und tobe mich ein wenig aus. Dabei kann ich die Türschlösser mit meinen Gedanken öffnen, so dass ich nichts kaputt machen muss. Da ich aber von der Erdmitte komme, sind meine Stiefelsohlen sehr heiss und alles auf das ich trete, beginnt zu glühen. Nachdem ich durch dieses Haus gestreift war und alles schon glühte, öffnete ich ein Dachfenster um die Aussicht zu geniessen. Dabei entzündete sich dann das ganze Haus auf einmal, weil Luft zur Glut kam. Ich konnte nur noch dafür sorgen, dass aussen alles intakt blieb und dass sonst niemand geschädigt wurde. Tut mir alles leid, kannst du mir verzeihen ?", erwiderte der Feuerwichtel.

Der Polizist verzieh dem kleinen Mann, kratzte sich in den Haaren und dachte für sich, dass er wohl dieses Erlebnis für sich behalten werde. Diese Geschichte glaubte ihm so oder so niemand. Im Gegenteil, er konnte höchstens Gefahr laufen, dass man ihn für verrückt erklären und im Irrenhaus einsperren würde.

Von diesem Moment an, beobachte der Polizist seine Umgebung sehr genau. Immer wenn er etwas glühen sieht, schaut er noch genauer. Er vergewissert sich immer, ob nicht irgendwo ein Feuerwichtel herumzirbt. Euch rate ich auch, achtet genau darauf, ob eine Glut wirklich nicht vom Feuerwichtel stammt. Ihr wisst ja jetzt, was geschieht, wenn dies der Fall wäre.

DIE ROTE KATZE

Schon immer hielt man sich Hunde zum Schutz von Hof und Land.

Dies denkt man sich so, man habe schon immer Hunde zum Schutz seines Eigentums gehalten. Aber da denkt man falsch. Ganz früher, zur Zeit der Könige, Vögte und Ritter war es für das gemeine Volk verboten Hund zu halten, die grösser als 25 cm waren. Dies, aus dem Grund, damit die Steuereintreiber der Könige und Vögte nicht selber gefährdet waren, wenn sie die hohen Steuern einzogen.

Die Leute in dieser Gegend waren schon damals sehr einfallsreich und liessen sich schon damals nicht alles gefallen.

Die einten züchteten kleine Hunde, die nur so gross waren, dass sie nicht unter das Grosshundeverbot fielen. Es waren weisse Hunde mit lustigem zottigem Fell. Die Augen waren kugelrund und dunkelbraun. Offiziell war es eine Art Terrier. Die einfallsreichen Leute züchteten den Hunden an, dass sie bei einem Angriff sofort, vom Stand aus, an die Kehle des Anzugreifenden sprangen und fest zubissen. Aus diesem Grunde nannten man die Hunde: 'Eigenämter Halsspringhund'

Man zählt diese Hunde, obwohl sie schnell wieder ausgestorben sind, zu den ersten Kampfhunden der Welt. Da sie schnell wieder ausgestorben waren, wurden sie auch nie in der Literatur erwähnt. Ausgestorben sind die Hunde, weil auch die kleinen Hunde verboten wurden, nachdem sie die ersten Steuereinzieher angegriffen hatten. Zwei tote Steuereintreiber genügten den Landvögten und verboten nun grundsätzlich alle Hunde. Wer weiter einen Hund hielt, musste damit rechnen, dass er eingesperrt wurde bis er im Verlies gestorben war.

Auch dieses neue restriktivere Verbot warf die Bewohner dieses Dorfes nicht aus der Bahn. Wieder überlegten sie sich, wie sie sich nun gegen Räuber, Wegelagerer und Steuereintreiber wehren und schützen könnten.

Im Gebiet des heutigen Winkels, welches südöstlich, unterhalb vom Schloss liegt, lebten schon damals clevere Frauen und Mannen. Sie sassen Abend für Abend zusammen, tranken Most und berieten, was für ein Tier sie für ihren Schutz abrichten wollten. Schnell war klar, dass es nicht die Kuh, das Schaf, oder die Geiss sein konnte. Anlässlich einer der vielen Sitzungen, die Uhr war schon weit fortgeschritten, kam einem die Idee, sie könnten Katzen ausbilden. Schlussendlich sind Vorfahren der heutigen Katzen, die Pumas, Löwen und Tiger.

Als erstes machten sie ab, dass sie einige junge Kätzchen, gleich viele Kater wie Kätzinnen, schnell von ihren Eltern wegnehmen würden. Sie sollten dann von Hand aufgezogen werden.

Insgesamt wurden zehn Kater und zehn Kätzinnen so aufgezogen. Zu trinken gab man ihnen die erste Woche Milch aus der Flasche. Dann eine Mischung von Milch und Blut. Später dann reines Blut. Als die Katzen dann auch feste Nahrung aufnehmen konnten, wurden ihnen nur rohe Innereien gegeben. Vor allem Rinderherz, Schweinelungen, Kalbsnieren und Kalbsleber.

Für die körperliche Fitness wurden die Katzen täglich, am Morgen, am Mittag und am Abend, je einmal via der Burghalde zum Schloss, von dort über den Michaelsweg, Fuchshübelweg, zum Schloss Wildegg, via Birchweiher, Birchfeld und zurück in den Winkel geschickt. Diese Aufzucht und das harte Training hatten zur Folge, dass die Katzen grösser wuchsen, als ihre übrigen Artgenossen. Da sie von Hand aufgezogen wurden, wurden sie sehr auf ihre Meister fixiert und sie beschützen diese tatsächlich wie ein Hund. Fremden Menschen, die sich dem Haus näherten, traten die Katzen mutig in den Weg. Liessen sich die Fremden nicht zum Gehen bewegen, bissen die Katzen sie erst in die Beine. Nützte dies auch nichts, kletterten sie die Hosenbeine hoch und bissen die Männer an nicht ganz angenehmen Orten. Dies reichte dann meistens, dass die Fremden in die Flucht geschlagen werden konnten.

Mit der Zeit sprach sich in der ganzen Gegend herum, dass man in Brunegg nicht ungestraft einbrechen und rauben konnte. Die Generation, welche die Katzen als erstes züchtete, starb langsam aus. Die Kinder und deren Kinder unterliessen es die strenge Arbeit der Aufzucht der Bewachungskatzen fortzusetzen. So kam es auch, dass die spezielle Katzenart ebenfalls am Aussterben war.

Aber was niemand wusste, weil man sich nicht mehr um das Weiterbestehen der Bewachungskatzen kümmerte, war, dass sich ein Kater mit einer Kätzin zurückgezogen hatte und sich still und leise vermehrte. Der Kater war eine kohlrabenschwarze und die Kätzin eine schneeweisse Bewachungskatze. Sie bekamen nur ein einziges kleines Katerlein mit rotem Fell.

Da es eine Einzelkatze war, war sie noch grösser als ihre Eltern waren, als sie auf die Welt kamen. Sie war mindestens drei Mal so schwer wie eine normale Hauskatze. Sie hatte die Kraft und Ausdauer einer kleinen richtigen Raubkatze. Die Katzeneltern starben und die rote Katze vom Winkel war auf sich selber angewiesen. Sie musste ihr

Essen und Trinken stehlen. Sie schlich den Bauernhäusern nach, bei welchen jeweils gerade ein Tier geschlachtet wurde, damit sie ihre Ration an Blut und rohem Fleisch ergattern konnte.

Es ist nicht klar, was passierte. Auf jeden Fall hatte die rote Katze einen Genschaden. Sie wurde älter und älter. Man munkelt, die rote Katze lebe noch heute und schleiche noch heute in der Gegend herum.

Heute hat sie es aber schwer, sich mit der Nahrung zu versorgen, an die sie sich gewohnt war, denn in Brunegg und Umgebung wurde nicht mehr so oft geschlachtet. Deshalb begann sie aus ihrer Not heraus auch Kleintiere zu jagen und zu reissen.

All die Unwissenden gehen davon aus, dass wenn ein Kaninchen oder ein Huhn gerissen wurde, dass es ein Fuchs oder Marder gewesen sei. In Wirklichkeit war es aber zu fast 100 % die rote Bewachungskatze vom Winkel.

Es ist nicht klar, wo sie heute lebt. Man geht davon aus, dass sie kein festes Lager hat, sondern dass sie sich immer wo anders aufhält.

Dadurch, dass man früher aus der Not heraus ein Tier heranzüchtete und später sich nicht mehr darum kümmerte, wurde urplötzlich eine brandgefährliche Spezies daraus.

Es kam in letzter Zeit vor, dass Leute, die nachts im Wald oder auf dem Feld spazieren gingen, durch ein rotes unbekanntes Tier angegriffen wurden.

Es spielt sich immer in gleicher Art und Weise ab:

Man spaziert ohne an etwas Schlimmes zu denken im Wald oder über das Feld. Meistens hat man seine Liebste oder sein Liebster an der Hand. Ohne Vorwarnung wird man dann von einem unbekannten Ding von hinten oder auch vorne angesprungen. Die scharfen Krallen graben sich tief in die Haut im Gesicht und Hals. Im Sommer, wenn man nur leicht bekleidet ist, auch in Rücken oder Brust.

Wenn man Glück hat, merkt die Kreatur, dass man kein Tier, sondern ein Mensch ist und lässt von einem ab. Dann kommt man mit einigen Kratzspuren davon. Wenn das Tier es zu spät merkt, dass er jemanden Falscher angegriffen hat, dann kann es sein, dass man bösartige gefährliche Bisswunden davonträgt.

DIE BÜNZHEXE

Auf dem Schloss Wildegg lebte vor langer Zeit ein Schlossherr mit seiner Gemahlin und seinem Sohn. Der Sohn war ein schöner junger Prinz. Er war ein lebensfroher Mann. Als Prinz musste er sich nicht um Arbeit oder Geld verdienen kümmern. Das wurde von seinem Vater erledigt. Da der Prinz sehr viel Zeit zur Verfügung hatte, vergnügte er sich vor allem mit langen Ausritten. Es kam schon mal vor, dass er einen ganzen Tag unterwegs war. Besonders angetan hatten es ihm die jungen hübschen Frauen im Land. Bei jeder Gelegenheit flirtete er mit den Damen und war für ein Schäferstündchen immer bereit.

Viele junge Mädchen rund um den Chestenberg machten eine ganz enge Bekanntschaft mit dem Prinzen und manche verlor dabei ihre Unschuld.

Einmal meinte es das Glück nicht gut mit dem Prinzen und eines der Mädchen wurde ungewollt schwanger. Da sich der Prinz nicht vorstellen konnte zu heiraten und es seine Familie auch nie goutieren würde, dass er eine Bürgerliche ehelichen würde, wollte er vom schwangeren Mädchen nichts mehr wissen.

Er verbot ihr bei Androhung des Todes, jemandem zu erzählen, wer der Vater des werdenden Kindes sei.

Verständlicherweise war darüber das Mädchen sehr traurig. Sie verstand nicht, dass der hübsche Prinz so gemein sein konnte.

Zur damaligen Zeit war es nicht einfach, ein uneheliches Kind zu gebären. Als das Mädchen ihren Umstand nicht mehr verbergen konnte, wurde sie auch von ihrer eigenen Familie verstossen.

Sie liess sich in einer kleinen Hütte an der Bünz nieder. Die einfache Holzhütte stand zwischen dem heutigen Schwimmbad und dem früheren Schützenhaus von Möriken.

Die Frau wurde in Möriken das Mädchen von der Bünz genannt. Den richtigen Namen wurde nie genannt.

Als der Tag der Geburt kam, wurde an der Bünz ein kleines gesundes Mädchen geboren. Das kleine Mädchen wuchs zu einer jungen Frau heran. Als die unterdessen alt und schwach gewordene Mutter merkte, dass sie wohl bald sterben würde, entschied sie sich, ihrer Tochter zu erklären wer ihr Vater war und warum sie hier in den ärmlichen Umgebung aufwachsen musste.

Schon bald darauf, starb die Mutter. Von diesem Tag an, wurde nun die junge Frau das Mädchen von der Bünz genannt. Auch ihr richtiger Name wurde nie genannt. Dieser wusste auch niemand, denn die Mutter nannte sie immer nur Tochter. Der Prinz, der Vater des Mädchens, war schon vor einiger Zeit aus dem Land gegangen und übernahm eine Regentschaft in einem Schloss in Österreich. Man hörte von ihm nie mehr etwas.

Die junge Frau war nun alleine in der schon bald verlotterten Hütte.

Sie schwor denen, die ihrer Mutter und dadurch auch ihr, so schlecht gesinnt waren und deshalb auch schuld waren, weshalb sie in der unmenschlichen Behausung ihr Dasein fristen musste, eine schlechte Zukunft.

Zur damaligen Zeit gab es im Welschland, am Lac de Joux einen Hexenmeister. Dieser bildete Hexennachwuchs aus. Um an die Schule aufgenommen zu werden, wurden die Aspiranten sehr genau durchleuchtet und sie mussten eine Prüfung ablegen.

Das junge Mädchen aus Möriken durchlief alle Proben mit Bravur und trat in die Schule ein.

Ihre Hütte an der Bünz zündete sie an und begab sich für die nächsten Jahre ins Welschland zum Hexenmeister.

In der Schule lernte sie, wie man sich unsichtbar bewegen, wie man Leute beeinflussen und wie man unerkannt das Geschehen manipulieren konnte. Eine wichtige Ausbildungsstufe, unsterblich zu werden, schafften nur ganz

wenige. Unser unglückliches Mädchen von der Bünz, gelang diese Stufe mit der Bestnote.

Fertig ausgebildet kehrte das Mädchen zurück nach Möriken. Durch ihre Ausbildung musste sie nicht mehr in einer
Hütte wohnen. Sie konnte sich nun unerkannt in Wohnun-
gen und Häuser aufhalten, ohne dass die Bewohner etwas
bemerkten.

Bei den Einwohnern von Möriken sickerte aber durch,
dass das Mädchen wieder zurückgekehrt war und sich
wieder an der Bünz aufhielt. Man wusste auch, dass sie
bei einem Hexenmeister in Ausbildung war. Jahrzehnte
später konnte man die Frau manchmal sehen. Unterdessen war sie alt und runzelig geworden. Sie war mit alten
schmutzigen und zerrissenen Kleidern angezogen. Deshalb nannte man sie ab dieser Zeit:

Die Bünzhexe

Wie sie noch als Mädchen von der Bünz geschworen hatte, sorgte sie nun als Bünzhexe für allerlei Kurioses und
Unerklärliches in Möriken.

Noch heute geschehen solche Dinge. Noch heute sagen
und verursachen Leute von Möriken so unerklärliche Sa-

chen, die nur dadurch zu erklären sind, dass die Bünzhexe noch sehr aktiv ist.

Eine Liste solcher Dinge und Ausssprüchen würde unendlich lang.

Die Bünzhexe mischt sich offenbar in sehr viele Dinge ein. Sie macht keinen Unterschied zwischen Behörden und Privatpersonen.

Dadurch geschieht es, dass durch Behörden Entscheidungen getroffen werden, die niemand verstehen kann.

Privatpersonen versuchen den Nachbarn das Leben schwer zu machen und wollen Nachbarschaftskriege anzetteln.

Da die Gründe jeweils fadenscheinig und an den Haaren herbeigezogen sind, oder dass sogar fiese Tricks angewendet werden, sind nur auf die Bünzhexe zurückzuführen.

Es ist mir nicht bekannt, wie sie das immer wieder schafft. Die Hexenschule gibt es in der Zwischenzeit nicht mehr. Man kann dort nicht mehr recherchieren.

Aber ich nehme an, dass die Bünzhexe sich in der Nacht in die Schlafzimmer ihrer Opfer schleicht und ihnen im Schlaf ihre Streiche ins Unterbewusstsein spricht.

Besonders die Gegend der Bünz entlang ist sehr gefährdet.

Dies fängt in Othmarsingen an und geht bis zur Einmündung der Bünz in die Aare.

Beispiele gibt's viele, wie ich schon einmal erwähnt habe.

Vor einiger Zeit noch, liess sie die Verantwortlichen der Schlachterei Marti das Blut der geschlachteten Tiere einfach in die Bünz leiten.

Später manipulierte sie die Behörden und einen Teil der Bevölkerung so, dass die alteingesessenen Schützen ihre Sportstätte verloren und sie vertrieben wurden. Sogar den Vereinsbazen bekommen sie von der Gemeinde nicht mehr. Sie seien ja nicht mehr in der Gemeinde ansässig, sagt man. Aber die Steuern müssen die Schützen immer noch in der Gemeinde entrichten.

Wahrscheinlich ist die Bünzhexe auch daran schuld, dass plötzlich Jahrhundert alte Bäume des Waldes zwischen Badweg und Steinlerstrasse nicht mehr genehm sind. Diese Urgewächse der Gegend, welche vielen Vögel und anderen Tieren als Behausung, Nahrung und Schutz dienen, sollen weg. Hier sollen Bäume entfernt werden. Eine Tat, die sonst Land ein und Land aus mit allen Mitteln bekämpft wird. In einer Zeit der starken Luftbelastungen sollte jeder Baum, jeder Strauch und jede Pflanze noch besser gepflegt werden. Auf jeden Fall darf man sie nicht entfernen. Das wäre eine Sünde gegen die Natur.

Man kann nur ahnen, wie sehr die Bünzhexe, die früher als Mädchen von der Bünz bei diesen Bäumen mit ihrer Mutter Verstecken spielte und sehr viel Freude hatte, wenn sie auf ihnen herumklettern konnte, nachtragend ist. Es ist ihr sogar gleichgültig, dass die Bäume schon standen, als rund herum Häuser gebaut wurden. Auch das Schützenhaus stand schon lange da, als die Bauwilligen kamen. Jeder sah ganz genau, wohin er sein Häuschen stellte.

Trotz Allem bin ich sehr optimistisch. Nicht alle Leute sind durch die Bünzhexe beeinflussbar und vielen ist sie, Gott sei Dank, auch nicht böse wegen früher.

Es gibt viele vernünftige Menschen, die den gesunden Menschenverstand noch besitzen.

Diese sind immun gegen die nächtlichen Besuche der Bünzhexe.

Ganz sicher bin ich, dass jeder der diese Geschichte liest und über sie schmunzeln kann zu denen gehört, die den gesunden Menschenverstand besitzen.

Alle anderen mögen sich in der Nacht in Acht nehmen, dass ihnen nicht die Bünzhexe etwas ins Ohr säuselt.

DE GSCHÄNKLIGEIST VO WILDEGG

Die Geschichte der Bünzhexe von Möriken sollte jedem eigentlich bekannt sein. Man erinnere sich:

Es handelte sich um eine uneheliche Tochter eines Prinzen von Schloss Wildegg, die vom Erzeuger nie anerkannt wurde. Ihre, damals ungewollt schwanger werdende Mutter und sie wurden verstossen. Wir wissen, dass diese Uneheliche im Welschland eine Hexenschule besuchte, die sie, unter Anderem, auch unsterblich werden liess, so dass sie noch heute ihr Unwesen treiben kann. Diese Geschichte geschah vor langer langer Zeit.

Was ich noch nie erzählt habe ist die Tatsache, dass die Bünzhexe vor ca. 250 Jahren einen Knaben zur Welt brachte. Es ist nicht bekannt, wer der Vater ist. Es ist gut möglich, dass die Bünzhexe sich das Kind selber angehext hat.

Wie sie wurde der Knabe unsterblich. Er erbte auch alle anderen Fähigkeiten seiner Mutter.

In Wesentlichen sind dies: Wie man sich unsichtbar bewegen, wie man Leute beeinflussen und wie man unerkannt das Geschehen manipulieren kann.

Als der Knabe zum jungen Mann herangewachsen war, erzählte ihm seine Mutter ihre Lebensgeschichte und erklärte ihm, warum er die vorhin aufgezählten Begabungen hatte.

Der junge Mann dachte sich nun ebenfalls eine Art Rache für die Ungerechtigkeiten, die seiner Mutter und vorher seiner Grossmutter widerfuhren, aus.

Wie die meisten jungen Leute hat sich auch der junge Hexensohn von seiner Mutter losgelöst und bezog seinen Lebensraum in dieser Gegend. Die Begrenzung seines Seins war auf der einen Seite die Aare, zwischen der Einmündung des Aabachs bis nach Rupperswil, und auf der anderen Seite die SBB.

Seine Rache bestand darin, dass er immer zu Weihnachtszeit oder an Geburtstagen an die Festlichkeiten ging und den Beschenkten einige ihrer Geschenke stahl.

Im Gegensatz zu seiner Mutter war der Hass auf die Bevölkerung in der Zwischenzeit etwas aufgeweicht. Er brachte nämlich die gestohlenen Geschenke ganz armen Kindern, die sonst nie Geschenke erhalten hätten.

Dies erklärt auch, dass manchmal Geschenke gemacht wurden, von denen niemand wusste, woher sie eigentlich kamen.

Besonders viele Geschenke fand er jeweils kurz vor Weihnachten hier in diesen Räumlichkeiten des Wohlfahrtshauses der Jura-Cementfabrik. Hier führte die Fabrik jeweils zur Weihnachtszeit eine Feier für die Kinder ihrer Mitarbeitenden durch.

Noch bis vor ca. 50 Jahren mussten sich die Veranstalter manchmal etwas einfallen lassen, weil jeweils einige der Geschenke plötzlich fehlten. Man war damals der Meinung, dass man aus Versehen zu wenig eingekauft hätte. Dass Geschenke gestohlen wurden, daran dachte niemand.

Vor gut vierzig Jahren war auch ich hier einige Male als beschenkter Knabe anwesend, da mein Vater in der Fabrik arbeitete.

Jedes Jahr bekamen wir einen Metallbaukasten der Firma Stockis. Zu meiner Zeit, fehlten aber nie Geschenke.

Meine Nachforschungen haben ergeben, dass diese Veranstaltungen durch den Hexenjungen verschont wurden, da er einsah, dass es sich um eine gute Sache handelte.

Diese Kinderweihnachten werden schon seit einiger Zeit nicht mehr durchgeführt.

Das Wohlfahrtshaus wird nun vor allem vermietet. Unter anderem an Gesellschaften, die etwas zu Feiern haben. Geburtstage, Verlobungen, Jubiläen und so weiter.

Da seit damals der Wohlstand wieder einen beachtlichen Stand angenommen hat, ist es auch für den Hexenjungen wieder Standard geworden, dass er hier erneut aktiv wurde.

Anderweitig hat er sich aber nie negativ gezeigt. Aus diesem Grunde wurde er seit geraumer Zeit auch nicht mehr Hexenjunge, sondern 'Gschänkligeist vo Wildegg' genannt. Seit da sind auch bei armen Leuten wieder unerklärliche Geschenkessegen vorgekommen.

In der Nähe des Wohlfahrtshauses, etwas weiter Richtung Wildegg, entsteht eine grössere Überbauung. Vor Baubeginn habe ich die Bauherrschaft über den Gschänkligeist orientiert. Sie lachten mich alle aus.

Euch, die hier im Wohlfahrtshaus heute feiert, warne ich nun ebenfalls eindringlich:

Achtet auf die Geschenke, die Ihr dem Geburtstagskind gebracht habt.

Es könnte gut sein, dass am Schluss die schönsten der Geschenke fehlen und an einem anderen Ort, bei einem armen Schlucker wieder auftauchen.

DER DINO BRUNOX REMEDIUM

Ja, man glaubte es kaum; aber auch rund um den Chestenberg gab es Dinosaurier. Es war der Dino Brunox remedium. Also ein mittelgrosser Dinosaurier, der etwa zehn Tonnen auf die Waage brachte. Die Grösse schätzte man so auf zwölf Meter. In etwa so gross wie der bekannte Tyrannosaurus rex, welcher aber ein fleischfressender Dinosaurier war. Unser Dino war ein Pflanzenfresser. Die Dinosaurier sind ja, so will es die Wissenschaft wissen, vor Millionen von Jahren ausgestorben. Unterdessen hat man sogar Dinosauriermusums eröffnet. Eines steht in Aathal und eines sogar in unserer Nähe, in Frick.

Wenn ihr nun aber den Brunox remedium sucht, dann findet ihr nichts von ihm in einem Museum und auch nicht in der Fachliteratur. Nur ganz wenige Personen wissen von ihm.

Er lebte auch nur hier, rund um den Chestenberg. Vielleicht seid ihr mal in eine Art Grube, oder grossflächige Vertiefung im Boden gefallen und habt euch gewundert warum. Vielleicht habt ihr euch auch gewundert, da diese Vertiefung noch nicht lange vorhanden war. Ja, das könnte dann gut und gerne ein Fussabdruck des Brunox remedium gewesen sein.

Wenn man auf einen solchen Fussabdruck stösst, muss man schon vorsichtig sein. Der Brunox remedium sieht sehr schlecht. Wenn er so daher trampelt, sieht er nur schemenhaft was auf dem Boden ist. Es könnte also leicht passieren, dass der Dino auf uns stehen könnte und uns so leicht erdrücken würde. Ihr denkt wohl, dass dies sicher nicht möglich sei, da er ja so gross ist und man ihn daher selber nicht übersehen könne und Zeit hätte auszuweichen.

Da täuscht ihr euch gewaltig. Der Brunox remedium ist der erste Dino, der sich wie ein Chamäleon der Umgebung anpassen und sich absolut lautlos bewegen kann. Im Wald Innern muss man keine Angst haben. Wegen der Grösse bewegt er sich nur am Waldrand. Dort ist er aber, wie beschrieben, sehr schlecht zu sehen.

Wie viele Dinosaurier ist der Brunox remedium kein lebend gebärender, sondern er legt Eier. Normalerweise legt ein Weibchen maximal alle fünf Jahre ein Ei.

So wie sich der Dino selber gut tarnen kann, tarnt er auch sein Gelege unwahrscheinlich gut.

Er legt sein Ei jeweils zu Siloballen auf einem Feld, die Bauern herstellen. Manch Bauer hat sich schon gewundert, dass er plötzlich eine Siloballe mehr auf dem Feld hatte, als dass er produzierte. Man konnte die Dino-Eier von den Siloballen nicht unterscheiden. Ebenso wundern sie sich, wenn plötzlich wieder eine weniger vorhanden ist. Anzeige bei der Polizei hatte aber nie einer gemacht.

Ausbrüten müssen die Brunox remedium ihre Eier nicht, so wie es die Vögel machen müssen. Sie müssen die Jungen einfach in den Schalen aufwachsen lassen. Wenn es Zeit ist, dann schlagen sich die Jungen durch die Schale durch und gelangen so auf die Welt. Die Schale frisst der junge Dino als erstes Futter, das er zu sich nehmen kann, auf.

Dieser Vorgang, auf die Welt kommen und die Schalen auffressen, geschieht nachts. Aus diesem Grunde wurde so ein Schlüpfen auch noch nie beobachtet. Die Schlüpfzeit vermutet man so zwischen September und Oktober.

Ich kann euch nur empfehlen, in diesen Monaten auch mal nachts spazieren zu gehen. Es sei demjenigen versichert, der als Erster das Schlüpfen eine Brunox remedium mit einem Foto dokumentieren kann, berühmt zu werden. Mit Sicherheit wir er auch reich werden, indem sich die Zeitungen und Forschungsanstalten um die Fotos reissen werden.